长江文明之旅 建筑神韵篇

/科技部推荐优秀科普图书/

佛寺道观

总顾问　冯天瑜　钮新强
总主编　刘玉堂　王玉德

卢世菊　宋相阳　著

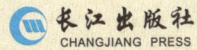

长江文明馆献辞
（代序一）

冯天瑜

> 无边落木萧萧下，
> 不尽长江滚滚来。
> ——杜甫《登高》

江河提供人类生活及生产不可或缺的淡水，并造就深入陆地的水路交通线，江河流域得以成为人类文明的发祥地、现代文明繁衍畅达的处所。因此，兼收自然地理、经济地理、人文地理旨趣的流域文明研究经久不衰。尼罗河、幼发拉底—底格里斯河、印度河、恒河、莱茵河、多瑙河、伏尔加河、亚马孙河、密西西比河、黄河、珠江等河流文明，竞相引起世人关注，而作为中国"母亲河"之一的长江，更以丰饶的自然秉赋、悠远深邃的文化积淀、广阔无垠的发展前景，理所当然成为江河文明研究的翘楚。历史呼唤、现实诉求，长江文明馆应运而生。她以"长江之歌 文明之旅"为主题，以水孕育人类、人类创造文明、文明融于生态为主线，紧紧围绕"走进长江"、"感知文明"和"最长江"三大核心板块，利用现代多媒体等手段，全方位展现长江流域的旖旎风光、悠久历史和璀璨文明。

干流长度居亚洲第一、世界第三的长江，地处亚热带北沿，人类文明发生线——北纬30°线横贯流域。而此纬线通过的几大人类古文明区（印度河流域、两河流域、尼罗河流域等）因副热带高压控制，多是气候干热的沙漠地带，作为文明发展基石的农业仰赖江河灌溉，故有"埃及是尼罗河赠礼"之说。然而，长江得大自然眷顾，亚洲大陆中部崛起的青藏高原和横断山脉阻挡来自太平洋季风的水汽，凝集为巫山云雨，致使这里水热资源丰富，最适宜人类生存发展，是中国乃至世界自然禀赋优越、经济文化潜能巨大的地域。

长江流域的优胜处可归结为"水"—"通"—"中"三字。

冯天瑜

一、淡水富集

长江干流、支流纵横，水量充沛，湖泊星罗棋布，湿地广大，是地球上少有的亚热带淡水富集区，其流域蕴蓄着中国35%的淡水资源、48%的可开发水电资源。如果说石油是20世纪列国依靠的战略物资，那么，21世纪随着核能及非矿物能源（水能、风能、太阳能等）的广为开发，石油的重要性呈缓降之势，而淡水作为关乎生命存亡而又不可替代的资源，其地位进一步提升。当下的共识是：水与空气并列，是人类须臾不可缺的"第一资源"。长江的淡水优势，自古已然，于今为烈，仅以南水北调工程为例，即可见长江之水的战略意义。保护水生态、利用水资源、做好水文章，乃长江文明的一个绝大题目。

二、水运通衢

在水陆空三种运输系统中，水运成本最为低廉且载量巨大。而长江的水运交通发达，其干支流通航里程达6.5万千米，占全国内河通航里程的52.5%，是连接中国东中西部的"黄金水道"，其干线航道年货运量已逾十亿吨，超过以水运发达著称的莱茵河和密西西比河，稳居世界第一位。长江中游的武汉古称"九省通衢"，即是依凭横贯东西的长江干流和南来之湘湘、北来之汉水、东来之鄱赣造就的航运网，成为川、黔、陕、豫、鄂、湘、赣、皖、苏等省份的物流中心，当代更雄风振起，营造水陆空几纵几横交通枢纽和现代信息汇集区。

三、文明中心

如果说中国的自然地理中心在黄河上中游，那么经济地理、人口地理中心则在长江流域。以武汉为圆心、1000千米为半径画一圆圈，中国主要大都会及经济文化繁荣区皆在圆周近侧。居中可南北呼应、东西贯通、引领全局，近年遂有"长江经济带"发展战略的应运而兴。长江经济带覆盖中国11个省（市），包括长三角的江浙沪3省（市）、中部4省和西南4省（市）。11省（市）GDP总量超过全国的4成，且发展后劲不

冯天瑜

可限量。

　　回望古史，黄河流域对中华文明的早期发育居功至伟，而长江流域依凭巨大潜力，自晚周疾起直追，巴蜀文化、荆楚文化、吴越文化与北方之齐鲁文化、三晋文化、秦羌文化并耀千秋。龙凤齐舞、国风—离骚对称、孔孟—老庄竞存，共同构建二元耦合的中华文化。中唐以降，经济文化重心南移，长江迎来领跑千年的辉煌。近代以来，面对"数千年未有之大变局"，长江担当起中国工业文明的先导、改革开放的先锋。未来学家列举"21世纪全球十大超级城市"，依次为：印度班加罗尔、中国武汉、土耳其伊斯坦布尔、中国上海、泰国曼谷、美国丹佛、美国亚特兰大、墨西哥昆坎—图卢姆、西班牙马德里、加拿大温哥华。在可预期的全球十大超级城市中，竟有两个（武汉与上海）位于长江流域，足见长江文明世界地位之崇高、发展前景之远大。

　　为着了解这一切，我们步入长江文明馆，这里昭示——

　　一道天造地设的巨流，怎样在东亚大陆绘制兼具壮美柔美的自然风貌；

　　一群勤勉聪慧的先民，怎样筚路蓝缕，以启山林，开创丰厚优雅的人文历史。

　　（作者系长江文明馆名誉馆长、武汉大学人文社科资深教授）

一馆览长江 水利写文明
（代序二）

钮新强

  "你从雪山走来，春潮是你的风采；你向东海奔去，惊涛是你的气概……"一首《长江之歌》响彻华夏，唱出中华儿女赞美长江、依恋长江的深厚情感。

  深厚的情感根植于对长江的热爱。翻阅长江，她横贯神州6300千米，蕴藏了全国1/3的水资源、3/5的水能资源，流域人口和生产总值均超过全国的40%；她冬寒夏热，四季分明，沿神奇的北纬30°延伸，形成了巨大的动植物基因库，蕴育了发达的农业，鱼儿欢腾粮满仓的盛景处处可现；她有上海、武汉、重庆、成都等国之重镇，现代人类文明聚集地如颗颗明珠撒于长江之滨；她有神奇九寨、长江三峡、神农架等旅游胜地，多少享誉世界的瑰丽美景纳入其中；她令李白、范仲淹、苏轼等无数文人墨客浮想联翩，写下无数赞美的词赋，留下千古诗情。

  长江两岸中华儿女繁衍生息几千年，勤劳、勇敢、智慧，用双手创造了令世人瞩目的巴蜀文明、楚文明及吴越文明。这些文明如浩浩荡荡的长江之水，生生不息，成为中华文明重要组成部分。

  人类认识和开发利用长江的历史，就是一部兴利除弊的发展史，也是长江文明得以丰富与传承的重要基石。据史料记载，自汉代到清代的2100年间，长江平均不到十年就有一次洪水大泛滥，历代的兴衰同水的涨落息息相关。治国先必治水，成为先祖留给我们的古训。

  为抵御岷江洪患，李冰父子筑都江堰，工程与自然的和谐统一，成就了千年不朽，成都平原从此"水旱从人、不知饥馑"，天府之国人人神往。

  一条京杭大运河，让两岸世世代代的子孙受惠千年。今天，部分河段化身为南水北调东线调水的主要通道，再添新活力，大运河成为连接古今的南北大命脉。

  新中国成立以后，百废待兴，党和政府把治水作为治国之大计，长江的治理开发迎来崭新的时代。万里长江，险在荆

钮新强

江。1953年完建的荆江分洪工程三次开闸分洪，抗击1954年大洪水，确保了荆江大堤及两岸人民安全。面对'54洪魔带来的巨大创伤，长江水利人开启长江流域综合规划，与时俱进，历经3轮大编绘，使之成为指导长江治理开发的纲领性文件。

"南方水多，北方水少，能不能从南方借点水给北方？"毛泽东半个多世纪前的伟大构想，是一个多么漫长的期盼与等待呀。南水北调的蓝图，在几代长江水利人无悔选择、默默坚守、创新创造中终于梦想成真，清澈甘甜的长江水在"人造天河"里欢悦北去，源源不断地流向广袤、干渴的华北平原，流向首都北京，流向无数北方人的灵魂里。

新中国成立以来，从长江水利人手中，长江流域诞生了新中国第一座大型水利工程——丹江口水利枢纽工程、万里长江第一坝——葛洲坝工程、世界最大的水利枢纽——三峡工程。与此同时，沉睡万年的大小江河也被一条条唤醒，以清江水布垭、隔河岩等为代表的水利工程星罗棋布，嵌珠镶玉。这是多么艰巨而充满挑战、闪烁智慧的治水历程！也只有在这条巨川之上，才能演绎出如此壮阔的治水奇观，孕育出如此辉煌的水利文明，为古老的长江文明注入新的动力！

当前，长江经济带战略、京津冀协同发展战略及一带一路建设正加推提速，长江因其特殊的地理位置与优质的资源禀赋与三大战略（建设）息息相关，长江流域能否健康发展关系着三大战略（建设）的成败。因此，长江承载的不仅是流域内的百姓富强梦，更是中华民族的伟大复兴梦。长江无愧于中华民族母亲河的称号，她的未来价值无限，魅力永恒。

武汉把长江文明馆落户于第十届园博会园区的核心区，塑造成为园博会的文化制高点和园博园的精神内核，这寄托着武汉对长江的无比敬重与无限珍爱。可以想象，长江文明馆开放之时，来自五湖四海的人们定将发出无比的惊叹：一座长江文明馆，半部中国文明史。

（作者系长江文明馆名誉馆长，中国工程院院士、长江勘测规划设计研究院院长）

目 录

长江流域的佛寺概述 / 1
古代长江流域的佛寺简述 / 2
近现代长江流域的佛寺简述 / 5

长江上游的佛寺文明 / 9
青藏之巅的密宗寺庙 / 10
云贵高原独具特色的寺庙 / 16
富庶川渝地区的佛教丛林 / 24

长江中游的佛寺文明 / 32
潇湘有情述佛寺 / 33
汉水悠悠话佛寺 / 40
赣江汤汤道佛寺 / 49

长江下游的佛寺文明 / 57
皖南佛寺藏峻岭 / 58
苏湖佛寺冠天下 / 65
上海佛寺最人间 / 73

长江流域道教宫观概述 / 80
长江流域道教宫观探源 / 81
长江流域宫观一览表 / 85

长江上游的道教宫观 / 89
"鸣凤胜境"——昆明太和宫和金殿 / 90

边陲仙境——云南巍宝山宫观 / 92

道教祖庭——四川鹤鸣山宫观 / 95

天师道所——青城山常道观 / 100

老君传道圣地——成都青羊宫 / 103

文昌故里——梓潼文昌宫 / 106

阴曹地府——重庆丰都宫观 / 108

长江中游的道教宫观 / 111

"五里一庵十里宫——武当山宫观建筑群 / 112

"江楚名区"——武汉长春观 / 123

圣迹仙坛——南岳衡山宫观 / 126

天师世家——龙虎山上清宫和天师府 / 130

"忠孝神仙"宅——南昌西山万寿宫 / 134

灵宝基地——江西阁皂山宫观 / 137

三清福地——江西三清山宫观 / 140

长江下游的道教宫观 / 143

"神龙所都"——茅山九霄万福宫和元符宫 / 144

千年道教圣地——铅山葛仙祠 / 148

地上天堂——苏州玄妙观 / 150

"玛瑙山居"——葛岭抱朴道院 / 153

闹市中的琼楼玉宇——上海白云观 / 154

名园胜境——上海城隍庙 / 156

主要参考文献 / 158

后记 / 159

长江流域的佛寺概述

从204万前的巫山人、200万年前的建始人、170万年前的元谋人,到100万年前的郧县人……长江是东方人类的摇篮。今天,它依然是世界上养育人口最多的大河。长江以其乳汁般甘甜的江水,灌溉了两岸的良田,哺育了两岸的人民,孕育出异彩纷呈的长江文化,创造了璀璨夺目的长江文明,为中华文明和世界文明作出了杰出的贡献。

960万平方公里的中华大地，南有长江，北有黄河，它们共同孕育了我们的先祖，又共同谱写了数千年的中华文明史。

长江流域以其独具特色的文化与黄河流域并称为中华文明的发源地。

> 长江是世界第三大河、中国第一大河，与黄河、淮河、海河、珠江、松花江、辽河称为中国七大河。长江发源于青藏高原的唐古拉山脉各拉丹冬峰西南侧，干流流经青海、西藏、四川、云南、重庆、湖北、湖南、江西、安徽、江苏、上海11个省(自治区、直辖市)，在上海市崇明岛注入东海。支流延伸至贵州、甘肃、陕西、河南、广西、广东、浙江、福建八个省、自治区。长江流域面积180万平方公里，干流长6397公里，仅次于尼罗河和亚马孙河，居世界第三位。

本书所讲的佛寺从空间上来说包括长江流域干支流流经的所有区域，时间上从长江流域有佛寺以来至今。接下来我们要从时间这一维度来了解长江流域的佛寺概况。

古代长江流域的佛寺简述

(一)佛寺文明的滥觞期——魏晋南北朝

佛教入华，为中华文明带来了新鲜的血液。汉明帝永平年中，遣使往西域求法，是为我国向所公认佛教入中国之始。随之而来的有佛、法、僧三宝，还有佛教发展的大本营——佛教寺庙。

我国史载最早的寺庙是洛阳的白马寺，而长江流域有史记载的最早的寺庙位于南京一带的丹阳郡。公元200年前后长江下游南京一带的丹阳郡，有一个官吏叫笮融，据《后汉书·陶谦传》载，他"大起浮图，上累金盘，下为重楼，又堂阁周回，可容三千许人，作黄金涂像衣以之"。

东汉时期佛教已传入中国，且在黄河、长江流域先后修建了寺庙，但由于语言的隔阂和儒道对于佛教的排挤，佛教发展缓慢，佛教寺庙寥寥可数。

长江流域的佛寺概述

魏晋南北朝时期，统一的中央政权瓦解，战争绵延不断，兵连祸结，人民无以为生，传统的儒家思想受到质疑，人们思想上无所适从。趁此时机，佛道迅猛发展，广袤的中华大地上佛教寺庙如雨后春笋般到处拔地而起。中原政权南移，加速了长江流域政治、经济的发展，为文化的发展创造了良好的社会条件，佛教在长江流域迅速传播，佛教寺庙接二连三地修建。东晋大元九年（公元384年），号称与佛图澄、道安并称为佛门栋梁的慧远大师南下庐山，驻足弘法，后率领徒属剃草开林，增卑架巘，夷峻筑台，疏峦抗殿，建立了东林寺，这是当时比较著名的佛寺之一。如今的东林寺被称为佛教净土宗（又称莲宗）的发源地，也被日本佛教净土宗和净土真宗视为当然第一祖庭。

（二）佛寺文明的发展期——隋唐

隋唐时期，佛教继承魏晋南北朝时期发展的大好势头，继续向前发展，佛教寺庙的数量也成倍增加。隋唐时期，国家统一，社会稳定发展，多数帝王及地方官吏对佛教抱有宽容和支持的态度。经历了数百年发展的佛教在这一大好的环境下开始走向融合，逐渐形成了以法相宗、三论宗、天台宗、华严宗、禅宗、净土宗、真言宗、律宗为主的八大主要宗派。

各宗派以祖庭为根据地，通过培养徒属来兴建新的寺庙这一方式不断向外扩张，尤以禅宗的发展最为迅速，到五代十国时期成为中国佛教发展的主流。

> 禅宗由达摩传入中华，到五祖弘忍时期开始发展壮大，六祖慧能时期开始分灯传法，逐渐形成了"一花开五叶"这一五家七宗的局面。五家分别是曹洞宗、云门宗、法眼宗、临济宗、沩仰宗，后来临济宗又分为杨岐派和黄龙派。

隋唐时期长江流域的经济进一步发展，又因长江流域一带多崇山峻岭，更有利于佛教的发展。当时形成的许多宗派的祖庭皆位于长江流域，尤其是禅宗。五祖弘法的五祖寺、曹洞宗的真如禅寺、法眼宗的清凉寺、临济宗的黄檗寺、沩仰宗的栖隐寺、杨岐派的普通寺、黄龙派的黄龙禅寺，都位于长江流域。

隋唐时期虽然佛教发展非常迅速，寺庙不断增加，但还不算是佛教在中国发展的繁荣期。一方面佛教的发展危及封建社会的发展，不断有主张限制佛教发展的言论出现，引起了不少人的反思；另一方面封建帝王出于各种考虑，先后多次下令灭佛，最具代表的是三武一宗灭佛事件。

> 三武一宗灭佛是指北魏太武帝、北周武帝、唐武宗和周世宗先后下令毁灭佛法，摧毁佛教寺庙，令僧返俗。所以隋唐时期一方面佛教迅速发展，另一方面佛教的发展不断受到统治阶级的压制。

（三）佛寺文明的繁荣期——宋元明清

史学名家陈寅恪先生认为："华夏民族之文化，历数千载之演进，造极于赵宋之世。"邓广铭也曾说过："两宋时期的物质文明和精神文明所达到的高度，在整个封建社会历史时期之内，可以说是空前绝后的。"

作为华夏文化一份子的佛教在宋元明清达到了其在中国发展的繁荣期。

历代帝王多崇奉佛教，不断给佛教寺庙丰厚的赏赐，即使有少数的帝王反对佛教，但自宋以后再无三武一宗那样毁灭佛法的极端事件发生，多少遵行着"儒家治国，道家治身，佛家治心"的信条。佛教为了生存，也不断地中国化，儒、释、道三教逐渐由相互对立转向无相融合。尤其是在民间，经常有寺庙不仅供奉释迦牟尼，还供奉老子和孔子，这就增加了佛教在中国的亲民力。封建士大夫也逐渐由佞佛转向从佛法中寻求解脱。在这样的背景下，佛教寺庙多得到了封建帝王和地方官员的有效保护，寻常百姓也多在佛教寺庙那里得到了应有的精神支持。

由宋至清，先后不断创建新的寺庙或者重建已毁的寺庙。

南宋时期流传着一段歌谣："苏湖熟，天下足。"可见从南宋以后中国的经济重心已然转移到了南方。

不仅如此，随着经济重心的转移，文化中心也逐渐转移到了长江流域的苏湖一带，佛教及佛教寺庙的发展中心同样也逐渐转移到了这一带。由此可见佛教文明的繁荣期在宋元明清，宋元明清佛教及佛教寺庙发展的中心在长江流域。

> 号称佛教四大名山的五台山、峨眉山、九华山、普陀山，南方占了三个，长江流域占了一半。自宋以后禅宗成为佛教发展的主流，当时号称中国四大禅宗丛林的金山寺、天宁寺、高旻寺、天童寺全部位于南方，长江流域占了三个。

(四)佛寺文明的式微期——晚清

长江流域的佛寺面临的最大的浩劫要数爆发于1851—1864年的太平天国运动。从1851年金田起义到1853年定都南京，短短两年内太平军迅速地占领了湖南、湖北、安徽、江苏等长江中下游流域的大片地区。由于洪秀全宣传的是拜上帝的思想，所以凡是中国旧有的东西都被他认为是压迫人民的牛鬼蛇神而遭到残酷的破坏，无论是以儒家思想为基础的家族祠堂还是佛寺道观等，无一例外。在太平天国统治的这段时期里，长江中下游流域多数寺庙要么毁于战火，要么被人为摧残，其中包括位于江苏、被称为全国四大禅林的常州天宁寺、镇江金山寺、扬州高旻寺。

近现代长江流域的佛寺简述

(一)机遇与挑战并存的佛寺——民国时期

清末民初，佛教到了进入中国后最衰落的时期。诚如寄禅所说："迩来秋末，宗风寥落，有不忍言者。"又道："嘉道而还，禅河渐涸，法幢将摧；咸同之际，鱼山辍梵，狮座蒙尘。"

进入民国，随着帝王政治的垮台，连"儒家治国，道家治身，佛家治心"都被统治者弃之不顾。佛教既已衰败不堪，又缺乏有效的政治保护，似乎即将走到尽头。然而为了应对清末民初的民族危机，为了寻找传统价值回应西洋思潮，大批的知识分子以居士的身份，在民族危亡时期，赋予了佛教更大的责任和义务。如夏曾佑所言："本朝文苑最苍凉，佛法师承更早亡；正好独开生面在，未须料理六朝唐。"

另一方面，佛教界的许多高僧大德鉴于庙产兴学的刺激，也开始积极探索中兴佛教的新思路，其中以太虚、虚云、敬安、圆瑛、谛闲为代表。

于是民国时期佛教的发展既有挑战也有机遇，一方面佛教寺庙受到来自于乡绅、军阀庙产兴学的威胁，时时有被没收的危险；另一方面民国期间重建了许多太平天国期间被摧毁的寺庙。

民国时期长江流域是我国最为活跃的政治、经济、文化中心，在这里佛教及佛教寺庙的发展受到的挑战最为严峻，既有以湖南为中心的一波又一波的夺寺风潮，又有以湖北为中心的庙产兴学的夺寺风波，还有以江浙为中心的乡绅占寺兴办近代企业。同时佛教发展及佛教寺庙重振表现得也最为明显。1913年中华佛教总会第一次全国代表大会在上海静安寺召开，会后总办事处也设在了静安寺，一时间静安寺成为了全国佛教的中心。

> 民国九年(1924年)定宗法师住持章华寺,很快使章华寺成为当时湖北佛教最大的丛林和长江流域最有影响的寺庙之一。

(二)宗教自由政策下的佛寺——新中国初期

新中国成立后，为了保护佛教寺庙，各地人民政府先后建立了相应的管理机构，贯彻执行党的宗教信仰自由政策。面对新成立的政权，佛教界也作出了相应的变革。首先是政治上的变革。各寺相继设代表制，组成联席会议。一批中下层僧尼被选为代表，代表会议定期召开，听取传达政府的大政方针，民主协商解决重大问题，组织佛教徒学习会，提高爱国主义觉悟。

其次是经济改革。土地改革运动征收了寺庙、宫观在农村中的土地，废除了高利贷剥削，摧垮了佛教中的封建剥削制度。佛、道教徒和农民一样，分得一份土地。佛教界发扬农禅并重的传统，按照生产合作化形式，分别从事农、林、手工业、文教卫生事业及各种社会服务事业。最后是佛教寺庙的改革。寺院作为佛教场所，仍由僧尼管理，但政府还组织僧人和当地代表人物成立了寺庙文物古迹保管委员会，保护寺院和其中的文物。

1953年成立了中国佛教协会,进一步贯彻了党和政府在宗教领域的改革。

新中国成立初期,长江流域的佛教名山和寺庙认真贯彻了党和国家的宗教政策。如安徽的九华山,当时存有寺庙90余座,僧尼200余人,为保护佛教名山,人民政府在九华山建立了管理机构,贯彻执行党的宗教信仰自由政策,召开由各寺共同组织的代表会议处理佛教内部事务,领导和组织广大僧尼参加社会主义改造和建设。土地改革后,全山僧尼同当地农民同等分得山林和田地,实行农禅并重,九华山各寺院作为佛教场所仍由僧尼管理,但在政府的协调下,还成立了由僧人和当地的代表人物组成的九华山文物古迹保管委员会。1952—1957年,政府拨款重点维修了祇园寺、化城寺等九座寺庙。

(三)饱受摧残与破坏的佛寺——文化大革命时期

正当中国的政治经济发展在挫折中艰难地向前发展的时候,文化大革命爆发了,国家和人民正常的生活秩序遭到严重的破坏。在此非常时期,佛教及佛教寺庙也遇到了建国以来前所未有的困境。文化大革命提出了"破除几千年来一切剥削阶级所造成的毒害人民的旧思想、旧文化、旧风俗、旧习惯"的口号,所以无论是佛教本身还是代表佛教的寺庙及庙里的其他文物古迹都成了被破坏的目标。长江流域的佛教寺庙在这场浩劫中也在所难免,多数寺庙受到了不同程度的损毁。如南京的栖霞寺经像法器多遭破坏,千佛岩之佛首被毁,寺僧散于四方,所幸殿堂赖部队保护未受摧残,鉴真像亦安然无恙。再如上海的静安古寺遭严重冲击,住持持松法师遭到迫害,所有佛像、法器悉被捣毁,僧众被迫还俗,寺舍被占用,1972年大雄宝殿失火焚毁,古刹废圮。

(四)改革开放政策下的佛寺——中国特色社会主义时期

十一届三中全会以后,党和国家认真落实新中国成立初期制定的宗教信仰自由政策,佛教寺庙交由地方佛教协会和寺庙相关人员自己管理。各寺庙相继召回僧众,恢复佛事活动,接待海内外僧俗各界人士,还设有僧伽培训班,培训各地来的青年僧众。非唯如此,为了保护中华文明的宝贵遗产，各地政府部门陆续斥资修复相关著名寺院。1983年4月9日中华人民共和国国务院颁布了首批中国大陆境内汉族地区重要佛教寺庙，共142座，给予重点保护。142座佛教寺庙中分布于长江流域的共有65座，它们是上海市的玉佛寺、静安寺、龙华寺、沉香阁、圆明讲堂；江苏省的灵谷寺、栖霞寺、西园寺、寒山寺、灵岩山寺、金山寺、定慧寺、天宁寺、兴福寺、广教寺、大明寺、高旻寺、隆昌寺，安徽省的明教寺、迎江寺、三祖寺、琅琊寺、广济寺、化城寺、肉身宝殿、百岁宫、甘露寺、祗园寺、天台寺、旃檀林、慧居寺、上禅堂，江西省的能仁寺、东林寺、真如寺、净居寺；湖北省的归元寺、宝通寺、五祖寺、玉泉寺，湖南省的麓山寺、开福寺、祝圣寺、福严寺、南台寺、上封寺，重庆市的罗汉寺、慈云寺、双桂堂，四川省的昭觉寺、文殊院、宝光寺、乌尤寺、报国寺、万年寺、洪椿坪、洗象池、金顶，贵州省的弘福寺、黔明寺，云南省的圆通寺、筇竹寺、华亭寺、祝圣寺、铜瓦殿。长江流域的佛教寺庙在党和国家的新政策下开启了发展的新阶段。

长江上游的佛寺文明

青藏高原是我国藏传佛教的主要分布地区。由印度传入青藏高原的佛教后来因不同师承、不同修持教授、所据不同经典和对经典的不同理解及对本土宗教吸收融合的不同等佛教内部因素,和不同地域、不同施主等教外因素,逐渐形成众多派别。

青藏之巅的密宗寺庙

目前青藏高原的主要佛教派别是宁玛派、萨迦派、噶举派、格鲁派这四大派别。其中尤以格鲁派发展最为壮大,目前是藏传佛教中分布最广、势力最强的一支宗派,现有1460座寺院,接近藏传佛教各宗派寺院总数的二分之一,遍及整个藏族地区。

(一)青藏高原的佛教派别及其主要寺庙

1. 宁玛派

宁玛派即旧教派,名称含有古、旧两种意思。就古义而言,宁玛派自称他们的教法是由莲花生所传,11世纪形成,是藏传佛教中最早产生的一个教派。就旧义而言,宁玛派自称以传承吐蕃时期所译的密教典籍为主,并吸收原始苯教的一些内容,重视寻找和挖掘古代朗达玛灭佛时藏匿的经典,不同于佛教后期仁钦桑波等人所译的新派密教经典。由于宁玛派僧人只戴红色僧帽,因而又称红教。宁玛派的教义最突出的东西是"大圆满法",主张"体性本净,自性顿成,大悲周遍"。自五世达赖开始,历届西藏地方政府每逢战争、灾荒、瘟疫等,都要请宁玛派僧人作法禳解,宁玛派高僧曾一直作为噶厦政权的专门祈祷师,负责占卜问卦。宁玛派的宗教势力仅次于格鲁派,位居第二,以甘孜和阿坝地区为势力中心,现有753座寺院。

> 宁玛派的六大道场为多杰扎寺(西藏自治区山南地区贡嘎县)、敏珠林寺(山南地区扎囊县)、噶陀寺(甘孜藏族自治州白玉县)、协庆寺(甘孜州德格县)、竹庆寺(甘孜州德格县)、白玉寺(青海省果洛藏族自治州久治县),噶陀寺、协庆寺、竹庆寺位于长江流域。

2. 噶举派

噶举派形成于11世纪,重视密宗学习,创立者为玛巴译师和米拉日巴及达布拉吉。他们曾到印度学习了不少的密法,主要是学《四大语旨教授》。语旨是佛语的意旨,由祖师口语相传,代代延续,故称为语传,藏名叫噶举。噶举派僧人的僧裙中有白色条纹,故又称白教。

> 根据最新资料,目前中国藏族地区共有366座噶举派寺院。西藏昌都地区和青海玉树藏族自治州是噶举派拥有信徒最多、宗派势力较强的两个地区。从目前整个噶举派寺院的现状及其势力或影响来看,主要有西藏拉萨市的楚布寺、昌都地区类乌齐县的类乌齐寺,以及四川甘孜州德格县的八邦寺(为西藏东部文化、宗教、教育中心)等。八邦寺位于长江流域。

3. 萨迦派

萨迦,藏语意为灰白土。萨迦派创始于1073年。由于萨迦派寺院的围墙涂有象征文殊、观音和金刚手菩萨的红、白、黑三色花条,故又称花教。萨迦派的教主由款氏家族世代相传,有血统、法流两支传承。萨迦派不禁娶妻,但规定生子后不能再接近女人。僧人戴红色、莲花状僧冠,穿着红色袈裟。

萨迦派教义属于时轮金刚法和金刚持法的体系传承。萨迦派后来内部出现了分裂,逐渐形成了鄂尔、贡噶、擦尔三个支派,分别以日喀则西南的鄂尔寺、山南贡噶的多吉丹寺、萨迦西南的土丹格培寺为中心。其中萨迦寺(位于日喀则地区萨迦县)最为著名,被称为中国第二敦煌。长江流域玉树附近的结古寺也属于萨迦派。

> 13世纪中,萨迦派发展成具有强大政治势力的教派,诞生了著名的萨迦五祖——八思巴。八思巴被元朝皇帝封为国师、帝师、大宝法王,统领天下释教,并领西藏13万户,建立了西藏地方萨迦政权,为藏传佛教实行政教合一统治之始。八思巴还奉忽必烈之命创制了蒙古新字,促进了蒙古社会文化的发展繁荣。

4. 格鲁派

格鲁,藏语意为善律。格鲁派是藏传佛教中形成最晚的一个教派,创建于1409年,是著名的宗教改革家宗喀巴在推行宗教改革过程中形成的教派。由于格鲁派戴黄色僧帽,故又称黄教。

格鲁派有三大特点:第一,提倡僧人必须严格遵守戒律,不应干预世俗事务,不得娶妻和从事生产劳动;第二,大力兴复寺院,招收僧人,噶当派的寺院全部纳入格鲁派属下;第三,每年定期举行传昭法会,在会上讲经说法,主张僧人修习先显后密,规定必修五部经论,创立传昭期间进行辩论和考试,考取格西等学位的制度。

由于格鲁派最晚出现,几乎吸取了以前藏传佛教各个教派的各种教法,同时又保持着自己鲜明的特点和严密的管理制度,现在已经成为西藏佛教最大的一个宗派。

格鲁派六大寺院分别是甘丹寺、哲蚌寺、色拉寺(这三座寺院位于拉萨附近,合称拉萨三大寺)、扎什伦布寺(位于后藏的日喀则)、塔尔寺(位于青海省西宁市附近)、拉卜楞寺(位于甘肃省夏河县)。

此外,四川省阿坝藏族羌族自治州若尔盖县格尔底寺(该地区规模最大、最具影响力的格鲁派寺院之一)、甘孜藏族自治州甘孜县的甘孜寺、云南省迪庆藏族自治州中甸县的噶丹松赞林寺、北京雍和宫等,也都是格鲁派的著名大寺院。其中的格尔底寺、甘孜寺、松赞林寺位于长江流域。

> 黄教有四大活佛系统,分别是达赖喇嘛、班禅额尔德尼(主要在前后藏)、章嘉呼图克图(主要在内蒙)、哲布尊丹巴(主要在外蒙)。这四位活佛在当地都有崇高的地位。

(二)青藏高原长江流域的佛教寺庙

1. 噶陀寺

噶陀寺位于四川省西部金沙江流域的白玉县河坡地区白龙沟朵念山的山腰,海拔4800米,由宁玛派高僧噶当巴德协于公元1159年创建,距今已有800多年,历84代寺主。在宁玛派六大金刚道场中,噶陀寺是最著名的一个,堪称宁玛派的母寺。如今噶陀传承的上师们已遍布亚洲、欧洲、

长江上游的佛寺文明

「噶陀寺」

北美等世界各地。

噶陀寺原有经堂、密宗神殿、修学堂、印经院、闭关房、僧房等建筑景观，文革期间遭摧毁。后全寺僧众活佛为修复寺院殿宇，团结一致，历时十年时间，基本完成了重建工作。其中大金殿占地60多平方米，可容纳2000余名僧侣诵经习法，建筑全部选用藏式彩画木雕，墙壁四周绘有释迦佛本生传及佛教寓理故事，殿内供有各种密宗本尊佛像、佛塔，庄严殊胜。

> 昔日噶陀寺被萨迦派(花教)五祖八思巴誉为："宁玛无上密法之精华所集，东方噶陀寺主克珠·益西布巴如亿日光芒普照大地。"

如今的噶陀寺已是具有相当规模的佛教圣地。有诗赞曰："雪山环绕金刚圣胜地，佛语伏藏持护者众聚，犹如无偏明照之慧日，普照佛法周遍之蓝天；先有贤哲索宿努绒龙，中有阿班敏林兄弟俩，后有两者降贡麦彭尊，独树一帜自派噶陀巴；先有当巴祖孙天空净，中有益希坚参美云祥，后有龙萨宁波法雨润，却吉嘉措和风尽吹遍；莫以嫉妒之毒相浸污，褒己贬人之尘应远离，如实陈述历史之净水，献于无偏众贤为供云。"

「噶陀寺大金殿」

2. 八邦寺

八邦寺位于德格县八邦乡政府北300米处的山岗上，海拔3800米，由德格土司曲加登巴泽仁请大喇嘛司都却吉穷乃于清雍正七年（公元1729年）创建，最盛时有僧众800余人，下辖寺院80余座，遍布川、藏、云、青四省，被称为康区寺庙建筑之最佳者，有"小布达拉宫"之称。

八邦寺历代活佛重虔心修道,著书立说;各种论著,无不涉猎,各有建树,许多著作及绘画至今仍被视为珍宝。

八邦寺现为四川省重点文物保护单位。

> 第八世司徒活佛却吉迥乃博学广闻,聪慧异常,学识渊博,著述极多,尤其是藏文文法、藏医药、藏画等方面造诣精深,堪称一代宗师。他创造了著名的噶玛——八邦画派。该派在传统的藏族绘画技巧中,巧妙地融入汉地画法技巧和风格,成功地发展了藏画噶日画派。在他的影响下,八邦寺画师历代辈出,其壁画和唐卡画成为康区藏画的代表,享誉海内外。

「八邦寺内景」

八邦寺,主殿卓拉空建于山岗之脊上,为一四合院式的二层建筑,正殿高24米,8根粗逾合抱的大柱俱为千年巨树整树造成,更增大殿的雄伟气势。二楼为活佛住所,雕梁画栋,金碧溢彩,殿内四壁绘满珍贵的壁画,内容包括佛本生故事及六道轮回等,形象生动,色彩绚丽,是著名的藏画噶日画派的杰作。

3. 结古寺

结古,藏语称结古顿珠锣,意即结古义成洲。结古寺位于青海省玉树藏族自治州结古镇北木它梅玛山,为当地原扎武部落的萨迦派寺院。

据传,这里很久以前有一座苯教寺院,到元末,苯教寺院已不存在,出现了两座属噶玛噶举派的小寺(其中一座为尼姑寺),另建有扎武头人的红宫。明洪武三十一年(公元1398年),西藏萨迦派大喇嘛当钦哇·嘉昂喜饶坚赞(公元1376—?年)来此传教,

「结古寺」

得到扎武头人的支持,遂在原来建筑的基础上建成结古寺。

> 结古寺主要建筑有经堂 2 座,僧舍 220 间,主体建筑"都文桑舟嘉措"经堂由萨迦寺大堪布巴德秋君和嘉那活佛第一世多项松却帕文设计,可容纳 100 名僧人诵经。讲经院、大昭殿、弥勒殿、嘉那和文保活佛院各具特色。

「结古寺经石堆」

这里最为人称道的景观是号称世界第一的"世间第一大嘛呢堆"。嘛呢堆由刻有六字真言"啊嘛呢叭咪哞"的嘛呢石垒成,译为汉语是:"啊!莲座上圣佛!噢!"有的嘛呢石上还刻有经文或佛像。目前已有 2.6 亿块嘛呢石排在一起构成一列经石墙,形成了一座嘛呢石城。第一世嘉那活佛晚年时定居于镇东新寨村,并在此修建了第一个嘛呢堆,人称嘉那嘛呢堆、新寨嘛呢堆。

在结古寺的众多活佛中,最为著名的当数第一世嘉那活佛,名多项松却帕文,昌都囊同人,父亲旦正,母亲阿吉,青年时期于峨嵋山、五台山等地居留 20 余年,精通汉语文,服饰略似和尚,故被称为嘉那朱古(汉活佛)。他多才多艺,独创了 100 多种舞蹈,玉树地区著名的卓舞即源于此。

4. 格尔底寺

格尔底寺即德合仓郎木格尔底寺,藏语称为德合仓郎木格尔底贡巴,位于四川省阿坝藏族羌族自治州若尔盖县红星乡,系四川阿坝地区格鲁派规模最大、最具影响力的寺院之一,辖有 18 座

「格尔底寺」

分寺，现有僧人500余人。

> 甘肃省碌曲县郎木寺镇和四川省若尔盖县红星乡各有一座藏传佛教格鲁派寺院，它们隔白龙江相望。江北郎木寺镇内的寺院是德合仓郎木赛赤寺（简称赛赤寺，又译色止寺、赛驰寺等），江南红星乡内的寺院是德合仓郎木格尔底寺（简称格尔底寺）。

两寺其实都可称为郎木寺，但现在一般把白龙江北的赛赤寺称为郎木寺，而把白龙江南的格尔底寺直接称为格尔底寺。

格尔底寺在藏区声名远播，因为寺内供奉着该寺第五世活佛的肉身灵塔。据说这是所有藏传佛教寺院中唯一拥有活佛肉身的寺院，而其他藏传佛教寺院只有佛骨舍利被供奉在灵塔内。肉身灵塔供奉在山顶上的一座小院里，外表十分平淡，就像一户普通民居的院落。院门口常常有人顶礼膜拜，院里也有很多人在转经，一拜一转就是一天。中间大殿里供奉着五世活佛的肉身灵塔，已有300年历史。灵塔中间的玻璃罩后面，有一个镀了金粉的人面，十分肃穆，这就活佛肉身。

云贵高原独具特色的寺庙

云贵高原地处我国的西南边陲，长江从高原北面横穿云南省和贵州省。由于地缘优势，这里是我国佛教资源最为丰富的地方。

佛教是世界性的宗教，源于印度，后来由于佛教传入的地域差异、佛教经典使用语言的不同，在历史演变中形成了三大语系，分别是汉语系佛教、藏语系佛教、巴利语系佛教三大种类。其中汉语系和藏语系佛教属于大乘佛教，也叫北传佛教；巴利语系属于小乘佛教，也叫南传佛教。

三大语系在云贵地区交汇融合，这里的寺庙便具有了其他地方所不具备的特色。

长江上游的佛寺文明

> 汉语系佛教随西域僧人传入中国，在与中国本土文化的融合过程中日益形成了以禅宗为主流的中国化佛教，后来又逐渐传播到了朝鲜、韩国、日本等地。藏语系佛教虽然也属于大乘佛教，但已不同于汉语系佛教，它是从印度传入中国西藏及其周边地区的一支，更多地融合了西藏本土的地方宗教，后来发展到蒙古、俄国西伯利亚等地。巴利语系佛教更多地保留了佛陀在世时的传统，主要分布在东南亚和我国的云贵地区。

1. 圆通寺

圆通寺位于昆明市区内的圆通街，始建于唐朝南诏时代，初名补陀罗寺，元朝时改为圆通寺，是昆明最古老的佛教寺院之一，已有1200多年的建寺历史，是中国最早的观音寺，比浙江普陀山的观音道场还早100多年。它是昆明市内最大的寺院，在中国西南地区和东南亚一带都享有盛名。云南省和昆明市的佛教协会都设在这里。

「圆通寺」

圆通寺由大乘佛教（又称北传佛教）、上座部佛教（俗称小乘佛教）和藏传佛教（即喇嘛教）三大教派的佛殿组成，以大乘佛教为主。佛教三大教派的殿宇集合在此。

> 圆通寺里目前有我国内地独一无二的一座上座部佛教佛殿——铜佛殿，殿内铜制的释迦牟尼坐像（高3.5米，重4吨）与圆通宝殿的释迦牟尼塑像，形态各异，充分显示了佛教两大部派间的差异，令人大开眼界。

圆通寺外表壮丽，殿宇巍峨，佛像庄严，楼阁独特，山石嶙峋，削壁千仞，林木苍翠，曾吸引历代诗人墨客留下许许多多赞美的诗句，并被誉为螺峰拥翠、螺峰叠翠，如同一座漂亮的江南水乡园林，一直是昆明的八景之一。从建筑学上讲，它闹中求静，以小见大，并借背后螺峰山之景，形成别具一格的水院佛寺，在中国的造园艺术中具有独特的风格。

寺宇坐北朝南，富丽堂皇，整个寺院以圆通宝殿为中心，前有一池，两侧设抄手回廊绕池接通对厅，形成水榭式神殿和池塘院落的独特风格。殿内供奉有清光绪年间精塑的三世佛坐像，大殿正中两根高达10余米的立柱上，各塑有一条彩龙，四壁还塑有五百罗汉像，均堪称中国佛寺中的上乘之作。

2. 祝圣寺

祝圣寺原名迎祥寺，又名钵盂庵，是鸡足山上一座庞大的建筑群，系虚云和尚亲自在国内外募化功德创建，清光绪赐名"护国祝圣寺"，为十方丛林大刹，总面积1.335万平方米。1983年，国务院确定祝圣寺为汉族地区佛教全国重点寺院、佛教开放活动场所。

> 祝圣寺依山就势置于古木丛中，四周红墙绿树交相辉映，寺内大雄宝殿气派雄伟，金碧辉煌，檐口高悬孙中山题"饮光俨然"、梁启超题"灵岳重辉"、赵朴初题"大雄宝殿"三块贴金大匾，殿内贴金像、汉白玉佛、五百罗汉，香烟缭绕，庄严肃穆。

说到祝圣寺，不能不提到虚云和尚。据史料记载，光绪三十年（公元1904年），虚云先后应昆明筇竹寺和大理崇圣寺的邀请，到两所寺院讲经传戒，结束后来到他向往已久的佛教圣地鸡足山，并住进了早已无人居住的迎祥寺。为了重修寺庙，虚云开始亲自外出募化。光绪三十二年（公元1906年），他赴京请领清宫内务府所刊的藏经《龙藏》，不久得到光绪皇帝的恩准，除钦赐《龙藏》外，还御赐紫衣、钵具、玉印、锡杖等，同时赐迎祥寺名为护国祝圣禅寺，封赐主持虚云为佛慈洪法大师之号，希望虚云回山传戒，护国护民。光绪三十三年（公元1907年），虚云领《龙藏》回云南途中，考虑到重建寺庙需要巨款，便绕道至马来西亚、泰国、缅甸等国，一路讲经说

「祝圣寺」

法，一路募化功德。在泰国讲经募化时，虚云跌坐入定九日，轰动曼谷，上至王公大臣贵族，下至普通市民，都来礼拜和捐款赠物。宣统六年（公元1909年），虚云用三百匹马，日夜兼程，把藏经和从东南亚募化的财物驮运回鸡足山。从此，虚云募化修建的护国祝圣禅寺成为鸡足山佛教十方丛林的大刹。

3. 华亭寺

华亭寺位于云南省昆明市西山华亭山腰，始建于元延祐七年（公元1320年）。当时筇竹寺雄辩法师的弟子玄通元峰禅师来这里结茅庵挂锡，元至治三年（公元1323年），禅师募化创建了大光明殿，供奉毗卢佛像及圆觉十二大士，寺名圆觉寺。

元峰和尚苦心经营24年，将圆觉寺建成了一座规模较大的寺院。

明景泰四年（公元1453年），明朝廷派驻云南的太监黎

「华亭寺」

义重修圆觉寺，拓其址而弘其规制，题名大圆觉寺。明天顺六年（公元1462年）腊月八日，明英宗敕赐该寺为华亭寺。

> 华亭寺南枕太华，北带碧跷，东临滇池，红墙碧瓦，掩映在茂林修竹之中，依山势坐西向东，平面布局呈矩形，在佛教建筑中属中轴对称式建筑。沿中轴线立体排列建筑，纵轴线上有放生池、天王殿、八功德池、大雄宝殿、藏经楼；横轴线从大雄宝殿左右分设经堂、祖堂、方丈室、僧堂、客堂、浴堂、库房、香积厨等。全部建筑以大雄宝殿为中心，如众星捧月，规则严整，排列有序。

华亭寺入寺之门是一座高大的三层钟楼，钟楼飞檐翘角，楼楣挂有一副对联："绕寺千章，松苍竹翠；出门一笑，海阔天空"。放生池后面是威严的天王宝殿，殿门左右分踞青狮白象，殿内正中神龛上有一尊金身护

法神韦驮,身着戎装,手执金刚棒,殿内两侧塑有四大金刚。塑像之神形融印度教与中国道教为一体,有相当高的艺术价值。出天王殿正对的就是金碧辉煌、巍峨雄伟的大雄宝殿,飞檐翘角、琉璃碧瓦,映日漾光,殿顶中央为葫芦宝顶,正中神龛上供奉着五尊金光闪闪的佛像,均高丈余,中间为佛祖释迦牟尼,左右分别为药师佛和阿弥陀佛及迦叶、阿难两位尊者,佛像仪态端庄、安详,背衬以金光轮。

4. 普济寺

普济寺,藏名舍培兰辛林,意为解脱修行院,位于丽江县城西6公里的普济山麓,始建于清乾隆三十六年(公元1771年),原有大殿、僧院等12个院落,现存3院,由山门、护法堂、大殿、南北厢房等组成,为滇西北13个喇嘛寺之一,在教仪上有融汉、藏宗教为一炉的特点。

> 普济寺最出名的就是铜瓦殿和两棵古海棠树。两棵古海棠树,古朴苍劲,枝干虬蟠,罩满整个寺院。寺前草坪如茵,丽江坝区风光可以一览无余,寺周梨树成林,梨花满坡,每到春来花放,游人如织。1987年12月,云南省政府公布此为第三批省级重点文物保护单位。

铜瓦殿为重檐歇山式建筑,面阔5间22.85米,进深5间20.3米,呈长方形,铜瓦覆盖面积为46.4平方米。铜瓦殿一层檐下均施如意斗拱,二层檐下以卷棚式弯椽反瓦装饰,额枋下有两跳藏式出头梁,抱框及上槛均用藏式蜂窝状浮雕装饰,前格子门绘有四尊护法神,檐栏板绘有八仙图案,反映出佛道两教兼容的现象。铜瓦殿最初是用土瓦覆盖的,该寺第四代活佛圣露活佛辗转西南各地讲经、集资,于1936年改覆铜瓦。目前这里是云南省唯一幸存的铜瓦殿,1983年被列为汉族地区佛教全国重点寺院。

「普济寺铜瓦殿」

5. 崇圣寺

崇圣寺，位于云南省大理古城北约一公里处的点苍山麓、洱海之滨，始建于南诏丰佑年间（公元 824—859 年），历来是地方政权南诏国、大理国的皇家寺院。

「崇圣寺」

尤其是在宋代的大理国时期，国王信奉佛教，崇圣寺香火最为兴旺。大理国二十二代国王中，曾有九位不爱江山不恋俗世到崇圣寺出家为僧。金庸武侠小说《天龙八部》中所谓的天龙寺就是以崇圣寺为原型的。

崇圣寺的庙宇在清咸丰年间被大火烧毁，直到 2002 年国家才斥资大规模重建。新建的崇圣寺按照源于历史超越历史的要求，集唐、宋、元、明、清历代大理建筑特色的精华为一体，按主次三轴线，八台九进十一个层次进行规划建设，整个仿古建筑群落占地 600 亩，建筑面积 2.1 万平方米。建筑主体钢混结构为主，斗拱门窗及细部装饰全用上好红椿木精雕细刻，中轴线建筑采用最高规格的金龙金凤荷喜彩，两次轴线建筑采用庄重典雅的玄紫彩，廊阁内院采用活泼诙谐的苏式彩，整个寺宇群落起伏跌宕、金碧辉煌。

> 大理崇圣寺闻名于世的建筑景观是寺前的大理三塔，咸丰年间寺虽被毁，三塔却完好地保留了下来，成为中国南方最古老最雄伟的建筑之一。1961 年被国务院公布为第一批中国重点文物保护单位。

崇圣寺佛像以《宋时大理国画工张胜温画卷梵像》等为蓝本，按大理文化多元、佛教禅宗密宗兼容的特色布局雕塑 598 尊件佛像法器，均用青铜烧铸而成，整个群落石料整齐划一，恢弘大气，充分体现了大理石文化特色。

大理三塔为一组前一后二、呈三足鼎立的塔群。主塔名法界通灵明道

「大理三塔」

乘塔，又叫千寻塔，始建于唐代，高69.13米，16层，为方形密檐式空心砖塔，是中国现存座塔最高者之一。塔基前有"永镇山川"四个大字，笔力雄浑苍劲，气势磅礴，为明代沐世阶所书。除叠涩之外，塔身全部涂饰成白色，每层的正背两面中央开券龛，安放一尊白色大理石佛像，另外相对的两面开窗洞，使塔内得到光线的照射，同时便于空气的流通。塔的底层高约13米，西面设塔门，循梯而上，可以到达塔的顶层。主塔稍后的南、北两座小塔距离千寻塔都是70米，建于宋代，为密檐式的八角形空心砖塔，均高42.19米，外观装饰成楼阁式。两塔身均涂饰一层白色泥皮，除了2层、8层开券龛供有石佛像以外，其余各层塑瑞云、莲花、宝瓶等，两塔顶端各有三苹铜质葫芦作装饰。

6. 弘福寺

弘福寺位于贵阳市黔灵山群峰中心，距城约1.5公里，是十方丛林，为贵州首刹，向有"黔南第一山"之称，于1672年由赤松和尚开创，属于临济宗。"弘福"二字乃"弘佛大愿，救人救世；福我众生，善始善终"之意。

对于弘福寺的兴盛，赤松和尚厥功甚伟。大师早年即慕佛教不生不灭之理，誓愿修行探求人生究竟，父母无奈只得允其出家。出家后的大师曾一度混入外道，后得灵药慧宗启发，转入正道。

大师与灵药禅师有一段公案，反映了大师求法的决心。一日灵药禅师见大师切于求法，乃对他说："汝年纪尚幼，求示个甚么，既在外道，将从前所作，一一说出，行好就是。"师说："和尚言年幼修持甚么，弟子实

「弘福寺」

为生死事大，斋戒多年，若不开导，何以行持？"灵药伸出一脚，问道："会么？"赤松回答："不会。"灵药大笑说："老僧一脚头也不识，尚来请开示！"赤松跪下请求："弟子实为生死，初参果是不知。"灵药禅师见他心愿真切，答应他的恳求说："既为生死，将万缘放下，参个万法归一，勿生二念，行到水清月明处，看一归何处。"于是灵药替他披剃，取法名为道领。后来道领佛事精进，很快成为了名震滇黔的名僧。

康熙十一年（公元1672年）春，赤松策杖至大罗木山，见层岫迭出，一径通幽，万峰环翠，中结平原，洞天福地，清雅绝伦，大有玄象之趣，洵为选佛之场，遂去城入山，植树开径，营殿建楼，沥胆披肝，艰苦备尝，终使昔日虎豹之宅、狐狸之居，变为贵州选佛之场、清净庄严之域。巨刹规模初备，即名"弘福寺"。此后经过30年的擘划经营，黔灵山成为贵州第一名区，时人以为"遥映天童、曹溪、庐埠、嵩少，并传不朽；且上续鸡足、峨眉，直追西域，是又在嗣赤松之者"。

> 弘福寺有三重建筑，大雄宝殿（正殿）、观音殿（中殿）、弥勒殿前（前殿），另配藏经楼、毗卢阁等，各殿阁朱墙碧瓦，恢弘巍峨，雕梁画栋，曲廊迂回，蔚为壮观。更于寺外扩建经塔，龙壁，并有石狮、石幢、铜宝鼎、铁鼎、钟鼓、幢幡宝盖、金字匾联等，设有法物流通处、素香斋、茶室，修复历任方丈灵骨塔十余座，新建贵州首座法华塔、开山祖师经念塔、九龙浴佛石壁、钟鼓楼、天王殿、藏经楼、地藏殿、禅堂、斋堂、僧寮、尊客寮、方丈苑、碑廊等。

7. 黔明寺

黔明寺位于贵州省贵阳市南明河畔阳明路，是贵阳市重要的佛教活动场所，始建于明末，重建于清乾隆年间。清咸丰年间，黔明寺曾改作舒家祠堂。民国年间，广妙法师移驻于此，恢复黔明寺名，藏经日

「黔明寺」

丰，皈依者日众，遂成为重要丛林。贵州省佛教协会、贵阳市佛教协会均设于寺内。黔明寺是国务院公布的首批142座全国重点寺庙之一。

黔明寺在文革期间受到严重破坏，佛像被毁，经籍被焚，僧众离散。1983年国家出资修复了大雄宝殿、大悲阁、藏经楼、客堂、斋堂、僧寮、办公楼、山门等。

黔明寺现任方丈为宗满法师，寺内常住僧十余人。

> 佛门四众弟子乐捐净资于大雄宝殿内重塑释迦牟尼坐像，高2.3米，旁立阿难、迦叶，后墙左右分塑普贤、文殊坐像，两侧有十八罗汉像，庄严肃穆。殿后大悲阁内，重塑千手观音像，高2.85米，仪态慈祥，善才、龙女侍立两旁。阁侧建有客堂、僧寮、香厨。新建三层藏经楼，飞檐翘角，雄伟壮丽，内藏有《中华大藏经》、《敦煌大藏经》各一部，另有《房山石经》、台湾《大正大藏经》及其他佛经约千余册，下层为玉佛殿，供由缅甸请来的玉佛一尊，高约1.5米。

除了以上寺庙以外，云贵地区还分布着很多代表不同语系的佛教寺庙，如代表藏传佛教的玉峰寺、福国寺、指云寺、文峰寺等滇西佛教寺庙，代表南传佛教的曼阁寺、广允寺、官缅寺、菩提寺、巴姐佛寺等滇南佛教寺庙，代表汉语系佛教的曹溪寺、观音寺、盘龙寺、护国寺、湘山寺、禹门寺等禅宗寺庙。

富庶川渝地区的佛教丛林

川渝地区素来被称为天府之国，物阜民丰，加之川渝地区对外交通相对闭塞，较少战争威胁，于是无论是佛教还是道教都将这里作为世外桃源。

位于四川省乐山市和峨眉山市境内的峨眉山地势陡峭，风景秀丽，有秀甲天下之美誉，更被认为是学仙修道的绝佳圣地。峨眉山与山西的五台山、安徽的九华山、浙江的普陀山并称为佛教四大名山。早在汉末三国时期峨眉山就已经是道教有名的洞天福地。晋初，佛教开始入驻峨眉山。唐、宋两代，两教并存。到了明代中叶，道教日渐式微，佛教日益兴隆。及至清代，道教衰落被融合于佛，以佛为主。

> 峨眉山的寺庙建筑历史悠久，规模宏大，构筑精巧，布局合理，与雄伟旖旎的山水景色融为一体，是丰富瑰丽的人文景观与得天独厚的自然景观的有机结合，其梵宇宫殿、庭阁桥廊，或隐于密林处，或立于翠峰之巅，或建于幽壑之上，或依于危崖之畔，依山取势，不拘一格，飞角重檐，令人拍案称绝。

峨眉山主要崇奉普贤大士，有寺庙约26座，重要的有八大寺庙，分别是峨眉山金顶、报国寺、万年寺、洗象池、清音阁、伏虎寺、洪椿坪、仙峰寺，许许多多的高僧大德、善男信女都以能够朝拜峨眉为荣。

这里主要介绍被列为汉族地区佛教全国重点寺院的峨眉山金顶、报国寺、万年寺和洪椿坪。

（一）峨眉山四大主要寺庙

1. 峨眉山金顶

峨眉山金顶是峨眉山寺庙和景点最集中的地方，为峨眉精华所在。1983年被列为全国重点佛教寺院。

金顶最早的建筑传为晋初的普光殿，唐、宋时改为光相寺，明洪武时宝昙和尚重修，为铁瓦殿。锡瓦、铜瓦两殿为明时别传和尚创建。金顶金殿为明万历年间妙峰禅师创建的铜殿，万历皇帝朱翊钧题名永明华藏寺。金顶的得名，即来源于金殿。

> 据有关资料记载，金殿高二丈四尺五寸，广一丈三尺五寸，深一丈三尺五寸，瓦柱门窗四壁全为掺金的青铜铸造，中供普贤菩萨像，旁列万尊小佛，门壁上雕刻全蜀山川道路图，工艺精湛，令人叹为观止。当早晨朝阳照射山顶时，金殿迎着阳光闪烁，耀眼夺目，十分壮观，故人们称之为"金顶"。

「峨眉山金顶」

可惜在清代道光年间，一场大火烧坍了金殿，仅留下来一块铜碑。铜碑一面是王硫宗撰并集王羲之字的《大峨山永明华藏寺新建铜殿记》，一面是傅光宅撰并集褚遂良字的《峨眉山普贤金殿记》，现存于华藏寺中。另有几扇原金殿窗门也存在华藏寺。从这几件遗物，我们可以想见当年金殿是何等的辉煌壮观。

1986年，为恢复金顶往昔的风采，国家决定斥资重修金顶。1990年金顶竣工。新建的金顶华藏寺，建筑面积为1690多平方米，整个建筑由高、中、低三重连接组建，分金殿（普贤殿）、大雄宝殿、弥勒殿、祖堂、方丈室、禅堂和寮房等，布局合理，错落有致，红墙黄瓦，白玉栏杆，大理石地面，基本上保持了原有的格局。正门华藏寺匾额为赵朴初会长手书。1990年9月11日，海内外200余名高僧大德和千余名各界人士云集金顶，隆重举行了落成典礼暨开光法会。新建的华藏寺巍峨雄伟，富丽堂皇，雄峙于海拔3077米的峨眉山金顶之巅，使峨眉山更添秀色。重修的华藏寺采取了钢筋混泥土框架结构及石砖混合结构，配备了防火、避雷、蓄水排水设施。

2. 报国寺

峨眉山报国寺位于四川省峨眉山市峨眉山麓的凤凰坪下，是全国重点寺院之一。寺院坐北朝南，原为山中第一大寺，其原址在伏虎寺对岸的瑜伽河畔，始建于明万历年间（公元1573—1619年），原名会宗堂，清初迁建于此。康熙四十二年（公元1703年），康熙皇帝取佛经四恩四报中报国主恩之意，御题报国寺匾额，王藩手书。报国寺历史上经过数次修葺，寺院得以完整保存。现在报国寺是峨眉山佛教协会所在地，是峨眉山佛教活动的中心。

「报国寺」

长江上游的佛寺文明

> 报国寺山门前有一对明代雕刻的石狮,威武雄壮,日夜守护着这座名山宝刹。山门正殿悬有宝相庄严匾,柱上的对联是"凤凰展翅朝金阙,钟磬频闻落玉阶"。整个寺庙系典型的庭院建筑,正殿有四重,依山而建,层层深入,蔚为壮观。

第一殿为弥勒殿,供奉弥勒塑像。门上对联曰:"看他蟠腹欢颜,却原是菩萨化相;愿你清心涤虑,好去睹金顶祥光"。

第二殿为大雄宝殿,门柱上联曰:"教演三乘,广摄万类登觉路;法传千古,普度众生证菩提"。殿里供奉佛主释迦牟尼金身彩饰坐莲像,殿内左右两厢供十八罗汉,后龛内供的阿弥陀佛像。阿弥陀佛又称接引佛、无量寿佛,是西方极乐世界的教主。

第三殿为七佛殿,门有一联是:"功德逾恒河,七宝庄严大千世界;层峰摩霄汉,三峨雄秀伯仲昆仑"。殿中供奉七佛,中间一尊为释迦牟尼佛,其余六尊为过去佛,从右至左依次为:南无拘留孙佛、南无拘那含牟尼佛、南无迦叶佛、南无毗舍佛、南无尸弃佛、南无毗婆尸佛。这七尊佛为脱纱塑造,具有体轻、防潮、防蛀、不裂缝、保存久等特点,反映了我国古代塑造艺术的精湛。七佛皆盘腿坐莲台,体态匀称,庄严肃穆,乍一看似乎形态都一样,细细审视,表情各有变化,维妙维肖。最后一殿为普贤殿,供普贤菩萨。峨眉山是普贤菩萨道场,所以将他供于最后一殿,殿门上写着:"金粟庄严便是菩萨住处;昙花灿烂照彻衲子爱心"。

3. 万年寺

万年寺位于四川省峨眉山,由山麓报国寺上行约15公里,踞观心岭下,门迎大坪、牛心等寺和石笋、钵盂诸峰,海拔1020米,始建于东晋隆安五年(公元401年),时名普贤寺。

「万年寺无梁砖殿」

唐乾符三年（公元876年）慧通重建，易名白水寺，宋称白水普贤寺。明万历二十八年（公元1600年）重修时，神宗赐额圣寿万年寺，沿称至今。万年寺为峨眉山历史最悠久的古刹之一，现为汉族地区佛教全国重点寺院。万年寺现有雄伟的山门、弥勒殿、观音殿、般若堂、毗卢殿、无梁殿、巍峨宝殿、大雄宝殿、钟鼓楼、行愿殿，其间还有花园、亭榭、水池等，已成为峨眉山最大的园林式寺院。

万年寺最为著名的建筑当为无梁砖殿。

无梁砖殿后侧有著名的行愿楼，内供万年寺三宝：佛牙、贝叶经和御印。佛牙为明代国外友人所赠，据科学家鉴定，为古代剑齿象化石。贝叶经为明代暹罗（今泰国）国王所赠，上书梵文（古印度文）《法华经》。御印为明神宗朱翊钧赐建无梁砖殿时所赐。三宝中的御印最为珍贵，13厘米见方，重4公斤，是明代万历皇帝御赐的印章，刻有"大明万历，敕赐峨山，御题砖殿，普贤愿王之宝"的文字。

> 无梁砖殿原名无梁殿，因其全部为砖结构，被称作无梁砖殿，建于明万历二十八年(公元1600年)，是万历皇帝为母亲祝寿所建。全殿高17.12米，面阔15.79米，进深16.06米，上呈半圆形中空穹窿顶，下为方形底座，象征天圆地方，殿壁、殿顶，甚至门楣额枋、斗拱、窗棂皆为砖砌。该殿重檐雕甍，环匝绣棂琐窗，门阴刻有全蜀山川形势、云栈剑阁以及水陆途程。殿内的四面墙壁上，万佛围绕，内壁下部有二十四个佛龛，每个佛龛内放有铁铸的佛像，穹窿殿顶上，绘着四位飞天的仙女，分别抱着琵琶、箜篌、芦笙、笛子，形象生动，色彩鲜艳。

4. 洪椿坪

洪椿坪位于天池峰下海拔1120米处的山腰里，最初由宋代僧人楚山性一禅师所建，原名千佛禅院，也称千佛庵，明崇祯四年继建。清乾隆四十三年（公元1778年）曾毁于火，清乾隆五十五年（公元1790年）峨云禅师重建。因寺前有三棵洪椿古树，重建后的寺庙也被叫做洪椿坪。

洪椿坪有两件不可不说的事：一联一宝。

一联，就是峨眉山楹联中最长的一副对联，是四川什邡人冯庆樾1921

年撰写在观音殿门坊上的。

联曰："峨眉画不成,且到洪椿,看四壁苍茫;萤然天池荫屋,泠然清音当门,悠然象岭飞霞,皎然龙溪溅雪;群峰森剑笏,长林曲径,分外幽深。许多古柏寒松,虬枝偃蹇;许多琪花瑶草,锦彩斑

「洪椿坪」

灿。客若来游,总宜放开眼孔,领略些晓雨润玉,夕阳灿金,晴烟铺绵,夜月舒练。临济宗无恙,重提公案,数几个老辈:远哉宝掌住锡,卓哉绣头结茅,智哉楚山建院,奇哉德心咒泉,千众静安居,净业慧因,毕生精进。有时机锋棒喝,蔓语抛除;有时说法传经,蒲团参究。真空了悟,何尝障碍神通,才感化白犬衔书,青猿洗钵,野鸟念佛,修蛇应斋"。

一宝,就是悬挂于藏经楼内的一盏七方千佛莲灯。

> 莲灯高近2米,直径1米,七方翘角,上下刻有几百尊佛像。七方角柱上有九龙盘柱,上面还刻有云龙怪兽及神话故事图案,八面玲珑。数百尊生动活泼的人物形象组成一幅幅神话故事图景,是世间罕有的艺术珍宝。灯上造像佛教、道教和平共处,亦不多见。七方千佛莲灯设计巧妙、工艺精湛,令人称颂,是寺内珍藏的艺术珍品之一,据说是法能和尚在清朝末年所制。

(二)遍布川渝地区的其他佛教丛林

非唯峨眉山是佛教丛林的集中之地,在广大的川渝地区分布着许许多多的著名佛教丛林,或在街市闹区,或在村旁角落,都在为佛教的慈悲精神、舍己救人的情怀做着份内之事。

1. 昭觉寺

位于成都市北郊5公里,始建于唐贞观年间(公元627—649年),名建元寺,唐宣宗时赐名昭觉。宋神宗元丰末年(公元1085年),禅宗临宗

「昭觉寺第一禅林」

禅师纯白任昭觉寺住持，开堂说法，从者甚多，被称为西川第一丛林。1983年，昭觉寺被国务院确定为汉族地区佛教全国重点寺院，是四川省重点佛教寺院，也是我国重要的佛教活动场所。

第一禅林是现昭觉寺的大门，穿过宽敞的林荫道，便是八角亭，之后是第一座大殿天王殿，天王殿内供奉弥勒佛、四大天王像等。天王殿前的石桥最为古老，应该是所存不多的历史遗迹。

> 昭觉寺整体布局非常完善，中轴线由大门、八角亭、天王殿、大雄宝殿、藏经楼组成，两侧是观音阁、御书楼、石佛殿(涅槃堂)、大师殿(御书楼)、先觉堂、钟楼、鼓楼、普同塔院、圆悟禅师塔、禅堂、客堂、僧房、斋堂、放生池等。

昭觉寺至今还流传着一段神异的故事。传说当年破山祖师复兴昭觉寺后，广收弟子，光大了双桂禅系。有一天，破山祖师告诉弟子们，他要出去云游，并说：如果殿内的庭柱离开了下面的石砧凳、香案上的延瓢飞了、殿外的两株黄果树包住了中间的石碑，他还没有回来的话，就另立方丈主持寺院，传承双桂禅法。祖师走后三年的一天，祖师殿内的一根木柱离开了石砧凳；又过了三年，大雄宝殿香案上的延瓢不翼而飞；再过了三年，大雄宝殿外的两棵黄果树长大并且包住了中间的石碑，破山祖师没有回来。

2. 罗汉寺

罗汉寺位于重庆市渝中区民族路，始建于北宋治平年间（公元1064—1067年），原名治平寺。

寺因罗汉洞而建，据《蜀中名胜记》载："治平寺……有罗汉、先天二洞，皆古洞。"

清光绪十一年（公元1885年)，隆法和尚重修庙宇，并仿新都宝光寺建罗汉堂，泥塑五百阿罗汉，方改名罗汉寺。现为重庆市佛教协会驻地，是全国重点文物保护单位、全国重点佛教寺庙之一。

罗汉寺寺前照壁有"西川佛都"四个大字,寺门高大庄严。山门正悬"罗汉寺"三个大字,为清康熙年间成都知府冀应熊所书。

> 罗汉寺寺内景观依次为古佛岩、罗汉堂、弥勒阁、大雄宝殿、藏经楼、方丈室、禅堂等。进入山门,门内通道两旁的石壁名古佛岩,长20余米,存有宋代摩岩石刻佛像400余尊,有卧佛涅像(俗称睡佛)、观音像和供养人像等,风格颇近大足宝顶山石刻。

再往前走是罗汉堂。如今的罗汉是1984年以后重塑的,共计524尊,各具姿态,无一雷同,有的肥胖,有的枯瘦;有的圆面,有的颀长;有的笑容可掬,有的瞠目结舌;有的凝神注思,有的厉声呼喊;有的仰观天文,有的俯察地观;有的怒眼圆睁,有的瞑目参禅;有的侧耳静听,有的闻言欲辩;有的击鱼颂经,有的肩负禅杖;有的手执拂尘,有的脚踏芦苇,等等,不一而足。其中犹以疯僧济颠和尚最为逼真,头戴斜插式合掌帽,身穿补破僧衣,一双醉眼,左手提把酒壶,右手拿柄蒲扇,眼目传神。

罗汉堂后面是弥勒阁,门柱有一联曰:"开口便笑,凡事付之一笑;大肚能容,于人何所不容"。阁内中央独坐弥勒佛,高约5米。

再前进便是大佛殿,正中悬有"大雄宝殿"匾额,大佛释迦牟居中,两旁有阿难、迦叶侍立。

佛殿后面为说法堂,再后为藏经楼(寺内藏经原1076部,鼎盛时达5048卷),两侧为东西方丈室。

除以上所说佛教丛林以外,四川省的文殊院、宝光寺、乌尤寺和重庆市的慈云寺、双桂堂同样于1983年被列为汉族地区佛教全国重点寺院,都以无与伦比、美轮美奂的建筑景观吸引着天南海北的居士、游客。

「罗汉寺」

长江中游的佛寺文明

湘江是长江的主要支流之一，南北纵贯整个湖南省，是湖南省最大的河流。湘江主要流经湖南省的永州市、衡阳市、株洲市、湘潭市、长沙市，至岳阳市的湘阴县注入长江水系的洞庭湖，干流全长844公里，流域面积94660平方公里。滚滚北流的湘江注视着湖南的发展，潇湘之地的佛教寺庙各领风骚。

潇湘有情述佛寺

(一)南岳四大名蓝

衡山，又名南岳、寿岳、南山、霍山、衡霍，是中国五岳之一，位于湖南省衡阳市南岳区，海拔1300米。

> 衡山的山徽是四方神兽中的神鸟朱雀，七十二峰从山体走向和形状来看像是一只展翅飞翔的大鸟，故而清人魏源遍游五岳以后写道："恒山如行，岱山如坐，华山如立，嵩山如卧，惟有南岳独如飞。"

衡山素以宗教圣地著称于世，是南中国佛教文化的中心。据《传灯录》记述：自禅宗六祖惠能"顿悟法门"异峰突起，开创了南宗之后，经七祖南岳怀让和青原行思大力弘扬，南宗风靡一时，从五代至晚唐繁衍特盛。南岳怀让一系，经道一形成沩仰宗和临济宗；青原一系自石头希迁开始，又形成了曹洞宗、云门宗、法眼宗。这样南禅两系共五宗，佛教史上称为"一花五叶"。而"五叶"都源出于南岳，法徒遍及天下，其中以临济、曹洞宗为最盛，素有"临济临天下，曹洞曹半天"的美称。南岳的寺庙尤以四大名蓝最为著名。

1. 福严寺

福严寺位于掷钵峰东麓，由高僧慧思和尚于六朝陈代光大元年（公元567年）创建，是佛教十大丛林之一。它在中国佛教史上颇有名气，是南宗禅宗著名的传法胜地，是湖南省重点文物保护单位。1983年，该寺被定为汉族地区全国重点寺院。

据《南岳志》记载，福严寺原名般若寺，又名般若台，

「福严寺」

是佛教天台宗二祖慧思禅师创建的，为南岳最古的名刹之一。唐太宗曾赐御书梵经五十卷给该寺收藏。

唐先天二年（公元713年），怀让禅师到南岳后，将般若寺辟为禅宗道场，通过他的弟子道一禅师传法，南宗的"顿悟"佛法弘传天下，可见它在南宗中的显赫地位。

北宋太平兴国年间（公元976年至984年），福严任该寺住持，他率领僧徒在寺院周围广种松杉，重修扩建寺宇，将般若寺改名为"福严寺"。

> 福严寺不但寺古、佛古、树古，而且历史上出现了如慧思、怀让、楚圆、保宗、慈感、文演等一代宗师。

石霜楚圆又名慈明（公元987—1040年），参访临济宗僧人汾阳善昭获悟，被后世称为临济宗七祖，曾有示众偈云："昨日作婴孩，今朝年已老。未明三八九，难踏古皇道。手铄黄河干，脚踢须弥倒。浮生梦幻身，人命夕难保。天堂并地狱，皆由心所造。南山北岭松，北岭南山草。一雨润无边，根苗壮枯槁。五湖参学人，但问虚空讨。死脱夏天衫，生披冬月袄。分明无事人，特地生烦恼。"

后石霜楚圆传法于杨岐方会，开杨岐派；又传黄龙慧南，开黄龙派。

> 福严寺依山而建，占地约四亩，整个建筑是砖木结构。院堂依次为山门、知客厅、岳神殿、大雄宝殿、祖堂。

第一进是山门，上刻"天下法院"，两旁有联："六朝古刹；七祖道场"。第二进是知客厅，廊柱上刻着楹联："福严为南山第一古刹；般若是老祖不二法门"。第三进为岳神像，殿中有岳神塑像一尊。第四进是大雄宝殿。沿大雄宝殿后的两侧石级而上，便是第五进，殿堂三间，为祖堂、方丈、说法堂。说法堂上悬挂着一块金匾，上书"五叶流芳"四字。

2. 南台寺

南台寺位于湖南省衡阳市南岳区瑞应峰下的三生塔南面，海拔600余米，号称"天下法源"，距福严寺2公里不到。南朝梁天监年间海印禅师创建此寺，唐天宝年间石头希迁将它定名为南台寺。

> 南台寺被日本佛教曹洞宗视为祖庭。曹洞宗和南台寺所属的临济宗同出禅宗南宗创始人慧能一宗。清光绪二十九年(1903年)，日本曹洞宗高僧水也梅晓来南台寺接连宗源，赠送了不少藏经给南台寺，留下了"梅晓赠经"的佳话。

「南台寺」

1987年南台寺礼请宝昙法师任住持。法师筚路蓝缕惨淡经营，经过多年的努力，终使南台寺法运重兴，禅风重振。

进入悬有"南台禅寺"右额的正门，迎面是一尊袒胸露腹乐呵呵的弥勒佛坐像。弥勒佛神龛后为护法神韦驮神像。神像身着铠甲，手执降魔金刚杵，昂首挺立。

> 弥勒殿两侧供奉彩塑四大天王像，像高三米左右，俗称"四大金刚"。他们手中有的执琵琶、雨伞、宝剑；有的手缚青龙、银鼠，巍然而立，履行各自天职。俗人后来还以其各执法器有别，称呼四大天王为"风、调、雨、顺"四神将。

与弥勒殿毗接的是南台寺大雄宝殿。殿前有一丹墀，栽有罗汉松和白玉兰。殿内有三尊佛像，趺座八宝金莲台上，金光耀眼，妙相庄严。正中为释迦牟尼世尊，左侧为药师佛，右侧为阿弥陀佛。

3. 祝圣寺

祝圣寺坐落在南岳镇东街，距南岳庙半里许，是南岳著名佛教丛林之一。1983年被国务院定为汉族地区佛教全国重点寺院。

至宋朝太平天国年间（公元968—976年），太宗赵光义下诏，更寺名为"胜业寺"。

> 唐代高僧承远(公元712—802年)在这里创建佛教寺院,名弥陀台。承远著名弟子日晤,13岁出家,随承远长期侍勤。唐肃宗乾元元年(公元758年),诏天下名山置大德七人,长讲戒律,日晤获选首位。他在南岳登坛传戒37年,每年度僧千人,称盛一时。他在旧址上建一精室命名为"般舟台",专修念佛三昧,世称"般舟和尚"。唐德宗贞元年间(公元785-805年),诏为"弥陀寺"。弥陀寺成了名登朝廷、声动公卿的天下名寺。

「祝圣寺」

清康熙四十四年(公元1705年),湖南巡抚赵申乔拟请康熙帝南巡,把这里改建成了一座宏大而华丽的行宫,但后来南巡未果。至康熙五十一年(公元1713年),逢康熙帝六旬晋一大寿,大湖南北的诸宪台齐聚南岳建"万寿国醮",湖广总督额伦特、湖南巡抚王之枢奏改行宫为祝圣寺。16年后,雍正五年(公元1727年),王国栋任湖南巡抚,又一次将行宫改祝圣寺的情况向朝庭呈送了奏折。雍正帝允肯了"祝圣寺"名,祝圣寺名从此始,是时胜业寺归并祝圣寺。

4. 上封寺

上封寺位于湖南省衡阳市南岳第一高峰祝融峰下,距南岳庙10公里,是现今全国汉族佛教重点寺院之一。自隋大业年间(公元605—618年)建寺起,距今已有1300多年历史。

上封寺初系道教宫观,称"光天道观",隋初为道教第二十二福地。大业年间,隋炀帝南巡至此,下旨改观为寺,赐名"上封寺"。

> 据新编《南岳志》载:"清康熙中(公元1662-1722年),湖南巡抚周召南邀请高僧异目来寺作方丈,大修寺舍,建成一座四进两廊大佛寺。"时为上封寺的鼎盛时期。

长江中游的佛寺文明

「上封寺」

上封寺现在的主要佛教建筑有山门、大雄宝殿、天王殿、记法堂、藏经楼、观音殿、弥陀殿等。其中后殿齐堂为清朝建筑,殿柱上有一对联:"三摩随入三摩地,十方常住十方僧"。寺内有"殿冰破冻,千古奇石"八字石刻。寺石上为观日台,左上1里许为祝融峰绝顶,顶上有"金色朝圣"巨石。

五代初期,著名诗僧齐已曾在福严、上封两寺闭关一段时间,他曾写过一首"行到月宫霞外寺,白云相伴两三僧"的上封寺诗。

(二)湖南地区的其他著名寺庙

1. 开福寺

开福寺位于湖南省长沙市城北新河一带,临湘江,主体建筑南北朝向,为佛教禅宗临济宗杨岐派的著名寺院。开福寺是中国佛教重点开放寺院之一,被列为湖南省级重点文物保护单位,湖南省佛教协会和长沙市佛教协会均设在寺内。

「开福寺」

开福寺始建于五代时期,当时马殷割据湖南,建立楚国,史称"马楚"。马氏以长沙为都城,在城北营建行宫会春园,作为避暑之地。后唐天成二年(公元927年)马殷之子马希范将会春园的一部分施舍给僧人保宁,创建了开福寺。后历经宋、元、明、清各朝,香火不绝,名僧辈出。寺院占地面积4.8万平方米,建筑面积1.6万平方米。

> 北宋末年,开福寺已经成为一个风景区,有紫微山、碧浪湖、白莲池、龙泉井、放生池、鸳鸯井、凤咀洲、木鱼岭、拔楔亭、嘉宴堂、会春园、回步桥、舍茶亭、清泰桥、舍利塔、千僧锅等16景。

清代，开福寺先后修建了四次：第一次是顺治十七年（公元1660年），僧人佛国当住持时募修一次。第二次是康熙八年（公元1669年），总兵卜世龙倡捐重建，巡抚周召南、藩司郎永青助修天王殿。推官胡景曾撰有《重修紫微山开福寺碑记》，这是开福寺留存下来的最早的清代碑刻。第三次是乾隆三十七年（公元1772年），寺后制造火药，引起火灾，寺宇被焚，巡抚梁国治命僧募修。第四次是乾隆六十年（公元1795年），寺后又因制造火药不慎，把后殿给烧了，复为修葺。

开福寺的主体建筑为三大殿：前殿是弥勒殿，又称三圣殿，面阔三间，外檐方柱，内檐圆柱，均为花岗石整石凿成。殿内供奉西方三圣，现已无存，重塑弥勒佛、韦驮菩萨、四大天王。中殿是大雄宝殿，高20米，中央供奉着汉白玉释迦牟尼佛像，阿难尊者和迦叶尊者侍立两旁。紧靠着释迦牟尼佛背面，供奉着金色的千手千眼观世音菩萨。后殿是毗卢殿，内供毗卢遮那佛像，周围供五百罗汉像，高约0.4米，形态各异。

「密印寺」

2. 密印寺

密印寺位于宁乡县沩山山腰毗卢峰下，是我国佛教南禅五大宗之一沩仰宗的起源地。禅宗素有"一花五叶"之说，沩仰宗乃为五叶之首。

唐宪宗元和二年（公元807年），灵祐禅师来沩山开法，后公元847年，时任潭州观察使、后任唐朝宰相的裴休奏请朝廷，唐宣宗李忱御笔亲书"密印禅寺"门额，建立了这座寺庙。

> 密印来源于佛教中的"密传心印"一语。密印寺开山祖师灵祐禅师承继承禅宗门下南岳怀让一脉，其弟子慧寂禅师前往江西仰山传法，后人合称沩仰宗。故寺门门联曰："法雨来衡岳；宗风启仰山"。

据史籍记载，唐宋时，密印寺占地广阔，殿宇宏伟。传说极盛时有僧众3000余人，寺内铸有千僧锅、万斛洪钟，声震山野。密印寺大殿之后的警策殿书有灵祐禅师的《沩山警策》，现与《佛遗教经》、《四十二章经》一起组成佛教三经，是入门佛教徒的必修功课。

在密印寺的历史中，唐朝宰相裴休与其子裴文德（法名法海）的故事是禅宗丛林的一段千古佳话。

「沩仰宗风」

裴休一家世代奉佛，尤以裴休与其子裴文德为甚。裴休对当时各宗派教旨进行深入研究，在担任潭州观察使期间，奏请皇帝建立了密印禅寺。在皇子得恶疾，看尽名医均不奏效的情况下，裴休送儿子裴文德代皇子出家，拜密印禅寺灵祐禅师为师，师赐法名"法海"，人称法海禅师。灵祐禅师为法海剃度以后日日命其苦行，为常住500余僧众运送生活用水近3年时间，有时实在辛苦，也会略动念头。

> 一次，法海大汗淋漓地担着水桶自语："和尚吃水翰林挑，纵然吃了也难消。"之后僧众每一餐毕，肚子都会很不舒服，饮食也不能消化。师父听说了这件事以后，在法海禅师来身边小参时，意味深长地对他说："老僧打一坐，能消万担粮。"从此，大众腹中隔阂即完全解除。法海禅师深感惭愧，即收摄身心，苦行服务大众僧。

这个法海禅师就是后来创建江南地区佛教界最大的禅宗丛林——金山禅寺的法海大师。他因此被称作金山寺的"开山裴祖"。

除以上所说之外，湖南省还有许多著名的寺庙，像衡阳的南岳大庙、方广寺、雁峰寺，长沙的洗心禅寺、麓山寺、陶公庙、洪山寺、松柏寺，常德的南禅寺、夹山寺、善导寺、药山寺、古大同寺、天供寺，湘潭的海会寺、昭山古寺、湘潭文庙、韶峰古寺，永州的柳子寺、舜帝大庙，益阳的栖霞寺、梅城孔庙、钟灵寺，岳阳的岳阳圣安庙、岳阳文庙、洞庭庙，怀化的龙兴讲寺、大兴禅寺，等等。

汉水悠悠话佛寺

汉水又称汉江,古时曾叫沔水,全长1532公里。就长度而言,为长江第一大支流。其发源地在陕西省西南部秦岭与米仓山之间的宁强县(隶属陕西省汉中市,旧称宁羌)冢山,而后向东南穿越秦巴山地的陕南汉中、安康等市,进入鄂西后北过十堰流入丹江口水库,出水库后继续向东南流,过襄阳、荆门等市。

> 汉水主要位于现在的湖北省,在省会武汉市汇入长江,并将武汉市一分为三,也就是现在人们所说的武汉三镇——武昌、汉口、汉阳。后来随着各自的发展,武汉三镇逐渐形成了各自的特色,即武昌重教育,如今武汉市大部分的高等教育学府,像武汉大学、华中科技大学等都在武昌;汉口重商业,近代以来汉口一度成为仅次于上海的重要商业重镇;汉阳重工业,近代最早也是最大的钢铁联合企业——汉阳铁厂就位于这里。

悠悠汉水养育了湖北的一方水土,一方风情,同样也孕育了许许多多各具风情的佛教寺庙。

(一)武汉四大寺庙丛林

武汉,古称鄂州,因李白曾在此写道:"黄鹤楼中吹玉笛,江城五月落梅花",故又名"江城",历来被称为"九省通衢",交通很发达。武汉便利的交通条件使其很早就成为了经济发展的中心,为历来兵家必争之地。尤其是近代,一度成为蜚声中外的国际大都会。

> 优越的经济地理优势大大地促进了武汉佛教的发展。寺院日益增加,先后出现了卓刀泉寺、宝通禅寺、归元禅寺、因照寺、古德寺、莲花寺、千佛寺、香山寺、清济寺、广讲寺、栖隐寺等众多寺庙。其中宝通禅寺、莲溪寺、归元禅寺、古德寺规模最大,僧侣较多,被称为武汉四大寺庙丛林。

长江中游的佛寺文明

「宝通禅寺」

宝通禅寺是四大丛林中出现最早的寺庙，位于风景秀丽的武昌洪山南麓，至今已有1600余年历史，是武汉市唯一的皇家寺院，并被列为国务院"汉地全国重点佛教寺院"、湖北省重点文物保护单位，是武汉佛教"四大丛林"之一，规模之大、殿堂之宏伟为武昌诸刹之首。

> 据《宝通寺志》载："黄鹤山（即今蛇山）之东十里许有山，名东山（即今洪山），乃三楚第一雄峰。上有亭，相传刘宋时期始建寺。唐贞观年间，额曰弥陀寺，面南，山门西向。"

宝通寺初名东山寺，唐时改名弥陀寺，北宋末年改为崇宁万寿禅寺，明成化二十一年（公元1485年）又改名为宝通禅寺，至今未再易名。

宝通寺内主要的建筑景观为洪山宝塔。宝塔位于武昌洪山南坡、宝通禅寺东北面，始建于元至元十七年（公元1280年），是为纪念开山祖师灵济慈忍大师所建，又名灵济塔。明成化二十一年（公元1485年），塔随寺改名为宝通塔。塔为七级八方，砖石叠成，身高十三丈三尺，基宽十一丈二尺，顶高一丈三尺。登高远望，武汉三镇景色尽收眼底：东湖似镜，长江若练；江汉关的钟楼矗立，黄鹤楼的黄鹤翱翔。还有那烟波浩瀚的长江，真是"晴川历历汉阳树，芳草萋萋鹦鹉洲"。

在宝通寺的发展过程中曾出现三个相当重要的人物。

第一个是凌烟阁二十四功臣之一的尉迟恭（公元585—658年）。唐代贞观年间，时任鄂国公的尉迟敬德扩建东山寺，同时更名为弥陀寺，使其成为"邃

「洪山宝塔」

殿正门,重轩复栏,高墙虬转,修廊翼舒,香厨旁开,僧房内辟"的安禅之所,并制造巨型铁佛一座,盛极一时。

第二个人物是善庆"慈忍大师"。公元826年,善庆和尚云游到随州大洪山,修建了灵峰寺。9年后他毅然割下了自己的双足留在寺内,表示自己升天之后还要为乡人利益而奔走。当时的唐文宗敕此双足为佛足,留镇山门,还御书了"幽济禅院"的匾额送给灵峰寺。

第三个是孟珙。南宋金兵南侵之际,他为随州大洪山的灵峰寺和武昌东山的弥陀寺牵连了一段旷世的佛缘。当时身为地方官荆湖制置使的孟珙上奏理宗皇帝赵昀,奏请颁发帑币,迁慈忍大师佛足及随州大洪山灵峰寺僧人到武昌东山弥陀寺。佛足及灵峰寺僧人到弥陀寺后,两寺合并。理宗皇帝赵昀赐寺名"崇宁万寿禅寺",同时改东山为洪山。尽管战乱频仍,崇宁万寿禅寺香火仍鼎盛一时。

「莲溪寺」

再来是莲溪寺,始建于明代,毁于明末,清康熙时法融长老重建。如今莲溪寺老山门黄色的门额上还镌刻着道明和尚于清光绪十七年(公元1891年)亲笔书写的"莲溪寺"三个金色大字。

> 莲溪寺于无数灰色民居的楼宇夹缝中挑出一抹鲜亮的明黄,续写着"大隐隐于市"的现代史,虽然红尘在耳,市声嚣嚣,但走进山门,便觉宁静祥和。莲溪寺是近现代佛教教育的重镇之一,为佛教界培养了大批新式佛教人才。

1928年,时任湖北省佛教会理事长、身为莲溪寺方丈的体空法师,在莲溪寺内兴办"中华佛教湖北省华严大学"。1994年重新恢复近代佛教复兴的巨擘太虚大师创办的武昌佛学院,女众部就设在了莲溪寺。现在的莲溪寺已于1986年由武汉市宗教部门批准,改为了尼众丛林,现任方丈为慈学法师。

紧接着是归元禅寺,位于武汉市汉阳翠微街西端,由白光、主峰法师于清顺治十五年（公元1658年）兴建。现存建筑系清同治三年（公元1864年）、光绪二十一年（公元1895年）及民国初年陆续所建。

> 这里古树参天，花木繁茂，泉清水绿，曲径通幽，是"汉西一境"，取"归元性不二，方便有多门"的佛偈而命名，被誉为"天下祈福最灵寺"。

1983年归元禅寺被国务院确定为汉地全国重点佛教寺院，现为湖北省佛教协会和武汉市佛教协会的所在地。

归元禅寺由北院、中院和南院三个各具特色的庭院组成。北院的主要建筑是藏经楼，是一座两侧五开间的楼阁式建筑，高约25米，顶为大脊，鱼角搬爪，飞栱飞檐，古朴玲珑，当面为四柱通天，双凤朝阳，五龙戏珠，整个建筑精巧壮观，金碧辉煌。

「归元寺藏经阁」

内藏佛经有：清代《龙藏》一部，宋代影印本《碛砂藏》一部，清末民初上海印《频伽藏》一部。除此之外，还有两件珍品：一是李舜千书写的"佛"字，在长宽不超过6寸的纸上，共写《金刚经》和《心经》原文5424个字，每个字只有芝麻大，用30倍放大镜看，笔力挺秀，乃书法珍品。另一件是武昌僧人妙荣和尚刺血调和金粉抄成的《华严经》和《法华经》，字体娟秀，堪称精品。

南院的主体建筑是罗汉堂，始建于清道光年间，咸丰二年（公元1852年）毁于兵灾，光绪二十一年（公元1895年）重建，1902年完成，至今有200年历史。

中国汉地佛教供奉五百罗汉是从五代时开始的。当时，吴越王钱氏在天台山方广寺造五百铜罗汉。五百罗汉的名号，最早见于五代的《复斋碑录》，惜今已不存。另有南宋绍兴四年（公元1134年）高道素所录《江阴军乾明院罗汉尊号碑》，将五百罗汉一一起名造姓。

> 归元禅寺的罗汉堂布局成"田"字型,四个小天井给庞大深邃的殿堂提供了良好的通风和采光条件。罗汉依"田"字排列,殿堂里尽管安放了五百尊尊者塑像,却没有拥挤之感,建筑格局既巧妙又合理。这里的五百罗汉是湖北黄陂县王代父子用9年时间塑成的。

中院的主体建筑是大雄宝殿。该殿初建于清顺治十八年（公元1661年）,后经多次维修。现大雄宝殿为清光绪三十四年（公元1908年）重修,正中供奉着释迦牟尼坐像,两侧为其弟子阿难和迦叶像,释迦偏袒左肩,结跏趺坐,庄严静穆,像后背是用樟木雕刻而成的"五龙捧圣"的图案。佛像前还有韦驮、弥勒、地藏像。佛像后是一组海岛观音像。只见海岛观音赤足站立,左右侍立着一龙女和童子,背后是一面高达八尺的泥塑悬崖峭壁,足下碧波万顷,怒涛汹涌。

「古德寺」

最后一个是古德寺,位于武汉市汉口黄浦路上滑坡74号,创建于清光绪三年（公元1877年）,1921年始建现有的大雄宝殿,后来发展成为占地2万平方米,建筑面积3600多平方米的古德禅寺。2013年,古德寺被列为国务院核定公布的第七批全国重点文物保护单位。

> 古德寺是中国唯一一座依照缅甸阿兰陀寺的艺术形式建造的寺庙,是一座典型的具有浓郁异域建筑风格、装饰精美华丽而功能完善、环境优美的寺庙。

全寺的核心建筑是圆通宝殿,为汉传佛教唯一、世界仅存两座此类风格的佛教建筑之一。殿顶的九座佛塔,站在地面任何角度,最多只能看到七座,暗含了北斗九星、七显二隐的说法。其门廊呈三角形,分两层逐级向上,具有古罗马建筑风格；内外墙之间的回形步廊和许多方柱,依稀可见希腊神庙的风韵；立面墙上的圆窗和长窗，却是基督教堂的建筑样式。专家评价说，古德寺混合了欧亚宗教建筑的特色，融大乘、小乘和藏密三大佛教流派于一身，在汉传佛寺中实属罕见，堪为"佛教胜地一大奇景"、"汉传佛寺第一奇观"，具有很高的建筑、文化和历史研究价值。

(二)遍布湖北省的著名佛寺

1. 五祖寺

黄梅五祖寺是禅宗五祖大满禅师弘忍于唐永徽五年（公元654年）所建，位于湖北省黄梅县东12公里的东山，当时称东山寺，后世改称五祖寺，是佛教禅宗五祖弘忍大师说法道场，也是六祖惠能大师得衣之地。它既在我国佛教史上占有极其重要的位置，又是著名的旅游胜地，而且在国际上，特别是日本、印度等东南亚国家，也享有盛誉。

「五祖寺」

有关五祖寺最为出名的就是五祖付法传衣的故事。

> 相传五祖为了传法下一代，让门下弟子各作一偈，决定不以资历而以悟性高低来确定得法之人。五祖门下大弟子神秀作得一偈曰："身是菩提树，心如明镜台。时时勤拂拭，勿使惹尘埃。"慧能当时亦在五祖门下学法，只是资历尚浅，只能在磨坊推磨，听说神秀此偈以后，亦作偈曰："菩提本无树，明镜亦非台，本来无一物，何处惹尘埃。"五祖看了二人所作之偈以后，认为惠能的悟性高，所作偈能见本性，而神秀的悟性略逊一等，所作偈未见本性，遂将慧能定为接班人，密付正法与袈裟于慧能。

从此中国禅宗史上逐渐出现了南能北秀、南顿北渐的分裂。最终曹溪禅荣摄牛头禅与北宗，曹溪禅成为唯一盛行的佛教，成为中国佛教的主流。于是乎五祖寺被称为汉传佛教徒的"天下祖庭"，历为天下名刹。

五祖寺建于山腰，亭阁楼台、殿宇僧舍皆为绿树翠竹所遮掩，彼此有重门相通，小路相连，是典型的廊院式布局，极富园林情趣，有"曲径通幽处，禅房花木深"的意境。山门内的中轴线上，依次建有天王殿、大雄宝殿、麻城殿、真身殿。麻城殿即毗卢殿，左右建有圣母殿、观音殿。据说当初是麻城县善男信女出钱出力修建的。古代交通不便，麻城县又地处大别山区，但他们穿山越岭，将本地生产的砖瓦一块块、一片片地背到200余公里外的东山。此情此景感动了黄梅县人，便将此殿称为麻城殿，以资纪念。

真身殿是弘忍圆寂后停放其真身的地方。现在，真身早已不存，里面只供奉着弘忍的塑像。真身殿是全寺的主体建筑，画栋雕梁，飞檐翘角，十分雄伟。善男信女至此，无不顶礼膜拜，以缅怀先贤。

2. 玉泉寺

当阳玉泉寺，是全国著名的风景名胜区，国家AAAA级旅游景区，位于著名的三国古战场湖北省宜昌当阳市，坐落于绿树丛林的玉泉山东麓，距三国古战场长坂坡暨当阳市城区12公里。玉泉寺创建于南北朝大通二年（公元528年），时称"覆船山寺"。隋开皇十二年（公元592年），智者大师奉诏建寺，隋文帝赐额"玉泉寺"。

唐初，玉泉寺与浙江国清寺、山东灵岩寺、江苏栖霞寺并称"天下四绝"。

「玉泉寺」

宋真宗明肃皇后对玉泉寺加以扩建，并改额为"景德禅寺"，寺院规模达到"占地左五里，右五里，前后十里，为楼者八，为殿者十八，僧舍三千七百"，被誉为"荆楚丛林之冠"。明初，恢复"玉泉寺"名号，明神宗敕赐"荆楚第一丛林"匾额。

自唐以来，玉泉寺教、律、密、禅、净兼修，诸宗竞秀，各派流光，高僧辈出，见诸记载的有120多位大德高僧，其中被历代帝王封为"大师"和"国师"称号的就有10人之多。

1983年，玉泉寺成为全国首批重点对外开放的寺庙之一。

长江中游的佛寺文明

> 玉泉寺最为出名的法师当数大通神秀禅师。神秀禅师50岁时来黄梅谒五祖弘忍。五祖深为器重,称其为"悬解圆照第一"、"神秀上座",令为"教授师",后来任命其为六祖。五祖去世以后,神秀禅师来到当阳玉泉寺大开禅法,声名远播,四海僧俗闻风而至,声誉甚高,后被武则天恭请到京,时称"两京法主、三帝国师"。圆寂后,灵骨归葬于玉泉寺东楞伽峰。

3. 章华寺

荆州章华寺位于湖北省沙市太师渊,为荆楚名刹。章华寺是在章华台的遗址上修建的。章华台是楚灵王六年(公元前535年)修建的离宫。楚灵王特别喜欢细腰女子在宫内轻歌曼舞,不少宫女为求媚于王,少食忍饿,以求细腰,因此章华宫又有"细腰宫"之称。后来楚灵王的荒淫导致了他的弟弟公子比发动政变,他被迫逃到野外,饿死于荒郊。有诗戏言:

> 茫茫衰草没章华,因笑灵王昔好奢。
> 台土未干歌管绝,可怜身入野人家。

元泰定二年(公元1325年),在章华台的遗址上修建了一座丛林,初名章台寺,后来改为章华寺。章华寺规模宏大,庙貌雄伟,气象肃穆,环境清幽,当时与汉阳归元寺、当阳玉泉寺并称为湖北三大丛林。章华寺殿宇建筑面积1.2万平方米,有山门、天王殿、财神殿、韦驮殿、大雄宝殿、观音殿、弥陀殿、藏经楼、禅堂、念佛堂、净月堂、斋堂、客堂、方丈室等主体建筑,规模巨大,雄伟壮观。整座寺庙为宫廷式建筑格局,布局合理,金碧辉煌。

「章华寺」

4. 檀溪寺

檀溪寺位于湖北襄阳，系东晋道安于宁康元年（公元373年）创建。时北方战乱不断，道安率慧远等400余名弟子避难襄阳，入住白马寺，大开讲席，四方学徒云集，后白马寺日渐狭隘，遂改清河张殷宅第为禅刹，号檀溪寺。寺中建有五层塔、四百僧舍，规模之大居当时襄阳诸寺之首。此外，凉州刺史杨弘忠献铜万斤，用以铸造丈六佛像；苻坚捐赠金箔倚像、金坐像、结珠弥勒像、金缕绣像等。

「檀溪寺」

道安南下襄阳，创建檀溪寺弘扬佛法，为后来佛教在南方的发展奠定了基础，因此莲溪寺在中国佛教史上具有非凡的意义。道安的佛家弟子，著名的有八千，慧远、慧永离开檀溪寺后先后来到庐山，慧永居西林寺，慧远居东林寺，弘传佛教，庐山成为我国南方佛教的中心。昙翼被道安派往湖南长沙，居长沙寺；后法遇亦往住长沙寺，在湖南弘传佛法。昙徽到荆州住上明寺。慧持与道安在檀溪寺分手后，曾同慧远经上明寺至庐山，又从庐山到建康居东安寺，最后奋志入蜀，居成都龙渊寺。

道安弟子散布湖北、湖南、江西、四川甚至江浙，足见其弘扬佛教势力之大，而这一切都发端于襄阳的檀溪寺。可惜的是檀溪寺经历了南北朝100多年的兴盛，唐宋时期归于沉寂，虽在明清之际有所复兴，但到了清朝中期以后又逐渐化为了灰烬，至今没有重建，可谓一大憾事。

檀溪寺的创建者是道安法师，他在中国佛教发展的历史上占据着举足轻重的地位。自汉以来，佛学有两大系，一为禅法，一为般若，道安实为二系之集大成者。他提倡本无（即性空）之学，为般若学六家之一；确立戒规，主张僧侣以释为姓，为后世所遵行。正是基于法师的这一地位，至今仍流传着许多关于大师的逸闻趣事。其中比较出名的一则故事是"弥天释道安"。

道安到达襄阳后，在那里宣讲佛法。当时襄阳有个习凿齿，能言善辩，名噪一时，听说道安到了襄阳，便去拜访他。叙座之后，习凿齿炫耀说：

"四海习凿齿。"意思是说,自己的名声遥扬四海之间。道安则说:"弥天释道安。"意思是说,普天之下无人不知道释道安的名字。这一对一答成为一时的名对,以至于苻坚攻下襄阳后对仆射权翼说:"朕以十万大军攻取襄阳,只为得到一个半人。"权翼问道:"这一个半人是谁?"苻坚说:"道安是一个人,习凿齿是半个人。"

除此之外,湖北省还有许多著名的佛寺,如襄阳的报恩寺、卧佛寺、铁佛寺,荆门的千佛寺、莲花寺,孝感的广化寺、永乐寺,荆州的延庆寺、宏福寺、定湘寺,鄂州的仙佛寺、海会寺、云港寺,咸宁的甘露寺、法泉寺、雪峰寺,等等。

赣江汤汤道佛寺

赣江,位于长江中下游南岸,是长江主要支流之一、江西省最大河流,源出赣闽边界武夷山西麓,自南向北纵贯全省,长 766 公里,流域面积 8.35 万平方公里。

赣江通过鄱阳湖与长江相连,是江西省水运大动脉。无论是古代还是近现代,汤汤赣江总是默默无私地助力着江西的发展,不仅养育了江西这一方水土,使其成为物华天宝的风水宝地,而且有力地促进了江西省经济、文化的大发展。

江西省的佛教在这样的大背景下日渐发展,佛教丛林从无到有,不断繁荣昌盛。

(一)庐山的佛教丛林

庐山,又名匡山、匡庐,位于江西省九江市庐山区内,九江县以东,星子县以西,是世界级名山,相对高度 1200~1400 米。最高峰为汉阳峰,海拔 1474 米,东偎婺源鄱阳湖,南靠南昌滕王阁,西邻京九大通脉,北枕滔滔长江。

庐山以雄、奇、险、秀闻名于世,具有极高的科学价值和旅游观赏价值,素有"匡庐奇秀甲天下"之美誉。庐山不仅风景秀丽,而且文化内涵深厚,集教育名山、文化名山、宗教名山、政治名山于一身,先有司马迁南登庐山,后有陶渊明、李白、苏轼、朱熹、康有为、陈运和等诗文名家1500余位登临庐山,留下4000余首诗词歌赋。陈运和的诗作《庐山》称:"三叠泉直泻青史,五老峰耸立古诗,仙人洞深藏抱负,龙首崖腾飞情思,含鄱口难吐感触,芦林湖汇聚现实,花径走过历代名士,天池阁尽苍茫人世,白鹿体壮养于书院,东林绿荫尽染佛寺。"可谓道尽庐山的自然与人文价值。

庐山的佛教文化在这样的背景下很早就很兴盛,早在公元4世纪时,高僧慧远就在庐山创建了东林寺,首创念佛的净土法门,开创了初具雏形的中国化佛教。庐山的佛教丛林更是不胜枚举。

1. 东林寺

东林寺位于江西省九江市庐山西麓,因处于西林寺以东,故名东林寺,建于东晋太元九年(公元384年),是佛教净土宗(又称莲宗)的发源地,唐时成为中国佛教八大道场之一。

「东林寺」

唐代高僧鉴真曾至此参学,后将东林教义携入日本,故而至今日本东林教仍以慧远为始祖。东林寺也被日本佛教净土宗和净土真宗视为祖庭。

1983年,东林寺被国务院列为汉族地区佛教全国重点寺院、国家著名佛教道场、江西省三大国际交流道场之一。

东林寺作为庐山的主要佛教丛林之一,建筑景观甚为引人注目。核心景观大佛坐落的位置,整个苑区中轴线走向,主要建筑规模、建筑标高等都保持了与自然景观的和谐统一。

首先是天王殿,与环庐山公路相邻,用一座五进门石牌坊作为屏障,殿内供奉天冠弥勒菩萨、韦驮菩萨、四大天王,形成第一景观。

其次是三圣殿,殿区全长90米,以七宝莲池为核心,左右配殿,形成一个略似故宫午门五凤楼的设置格局,既寓意一个敞开双臂接引的博大胸怀,再现了盛唐净土寺院八功德水及亭台楼榭的繁盛景象。殿内供奉阿弥陀佛与观音、势至两大菩萨之像,有净土变壁画,营造出一种仿佛置身西方佛国的欢快、欣悦的氛围,是围绕接引主题加以诠释与渲染的。

再次是大佛台,是一座简洁而庄重的曼陀罗,主佛48米,莲台6米,宝盖81米;有两层平台,第一层有1万平方米,四周长廊,须弥台有九品往生、十二光如来之石雕;第二层有6000平方米,大佛安立此处,大佛前有观音、势至,形成西方三圣接引的格局,气象恢弘。紧接着是出木池。

> 传说在东林建寺之初,慧远大师为筹集木材而发愁。一日,远公寐至夜半,梦中忽见一位自称"庐山之神"的白须老人道:"此处幽静足以栖。"当天夜里,天空雷电交加、风雨大作,待到天明,殿前的池塘中涌出了许多上好的木材,解了慧远大师的燃眉之急。大师将涌出木材的那口池塘命名为"出木池"。

最后是远公塔,因墓塔叠石如荔枝,又称"荔枝塔",位于东林寺西侧,是供奉慧远大师之所。慧远大师于东晋永和十年(公元354年)听道安法师讲《般若经》,豁然开悟,毅然出家为僧。

慧远大师修行研佛,译经著述,弘法讲道,其学问人品为人称赞,是当时佛教界公认的领袖。他建立了东林道场,与高僧、贤士123人结成白莲社,精进念佛,发愿往生西方,开中华净宗一脉,被尊为净宗初祖。

2. 西林寺

西林寺坐落于庐山北麓,建于东晋太和二年(公元366年),由太府卿陶范创建,为庐山北山第一寺。唐天宝十三年(公元754年),唐玄宗下诏在西林寺敕建千佛塔一座,以示敬崇。宋太平兴国年间(公元

「西林寺」

976—987年),太宗赐西林寺以"太平兴国乾明禅寺"额,寺由此成为禅林。后西林寺屡兴屡衰,到民国之初仅能维持香火。

> 1987年,台湾觉海法师回到祖籍江西九江朝山,路过西林寺,看到西林寺破败不堪,仅存一间10余平方米的小草房和摇摇欲坠的千佛塔,发愿重振之。从1990年初至2005年底,觉海法师相继修复千佛塔,供奉佛像一千零八十尊,新建西林寺开山祖师慧永塔、大雄宝殿、左右寮房、接待室、膳厅、山门、天王殿、阿弥陀佛殿、地藏殿、观音殿、藏经楼、三圣殿、僧舍楼、五观堂、沙弥楼、念佛堂、玉佛殿、伽蓝殿、大客堂、大斋堂、放生池两个、塑装金佛像四十八尊。整个寺宇重放光彩,金碧辉煌,游人络绎不绝,名声远振。1989年,觉海法师将西林寺更名为西琳(琳字为美玉之意)寺,昔为僧众,今为比丘尼众,以示区别。

说到西林寺,不可不说的是有关苏东坡的一段千古佳话。有一次,苏东坡漫游庐山,在饱览了山南的秀丽景色之后,又转到北麓游西林寺。西林寺的主持常总老和尚听说苏学士来访,亲自引导他参观寺庙。他陪伴苏东坡穿过钟鼓楼,到了藏经阁,又来到正殿。这里有重阁七间,殿宇庑廊,金光灿灿,所有梁柱全用楠木制成,高大雄伟。常总老和尚指着正殿的一角,饶有兴趣地对客人说:据说当年建寺的时候,正殿的这个角忽然向南倾斜了三尺,当时众僧都急得手脚无措。不料,此时从石门涧猛然刮来一阵狂风,吹得飞沙走石,双眼难睁。待到狂风过后,众僧睁眼一看,歪斜的殿角居然给吹正了。人们说这是得神仙相助。苏东坡听罢哈哈大笑。接着苏东坡去了常总和尚打坐的地方、长舌溪、慧永墓,游完返回的时候,看着眼前的庐山,巍峨峥嵘,逶迤不断,顿时感到游兴备增,又快步绕到侧面。果然又是一番奇景,但见那一座座刀削似的山峰,直插云天,真不愧是千古名山!苏东坡不禁对常总赞叹说:"西林寺建在此处,确是一块宝地呀!"在两人进了寺门,路过一

「题西林壁」

扇写有许多诗句的墙壁时，苏东坡徘徊于题诗壁下，逐一欣赏起诗中的佳句。老和尚说："恕我冒昧，敢请苏学士也题诗一首，以助雅兴！"苏东坡欣然允命。只见他饱蘸浓墨，在西林壁上题了一首诗，曰："横看成岭侧成峰，远近高低各不同。不识庐山真面目，只缘身在此山中。"这就是闻名遐迩的佳作《题西林壁》。

3. 庐山其他著名丛林

在风景如画的庐山中，不仅有东林寺、西林寺这样古老而又著名的寺院，还有许多其他寺庙丛林，其中以五大丛林最为显眼。

第一个是海会寺，初名海会庵，背负五老峰，俯瞰彭蠡湖，背山面湖，形胜极佳，风景至美，于明万历四十六年（公元1618年），由释西来肇基始建。清嘉庆二十二年（公元1817年），释旦云主持重修。咸丰三年（公元1853年）遭兵燹，房舍一片瓦砾。清同治五年（公元1866年），释至善（海印和尚）来此，斫木伐竹，盖茅棚独居，誓发宏愿，足不履尘市，刻苦修行，募化重修海会寺。

「海会寺」

现存的海会寺，是原汁原味的明清建筑遗存，寺内一堆堆粗大厚实的明清方砖，默默无言地向游人展示着寺院昔日的规模和气派。海会寺没有一般寺庙的金碧辉煌，倒像一片普通的农家院落，青砖黛瓦，绿树黄墙，古寺藏深山，与周围环境十分和谐。寺内一株数人才能合抱的巨大红枫，是海会寺数百年来几度兴衰的见证。

第二个是秀峰寺，原名开先寺。南唐中主李璟少年时曾在此筑台读书，继帝位后在读书台旧址建寺，取开国光兆之意，名为开先寺，后因康熙皇帝南巡时手书"秀峰寺"而改为现名。寺院古木参天，建筑挺拔，风景优美，而且古迹繁多，有漱玉亭、玉峡、龙潭、瀑布、观瀑亭、日照亭

「秀峰寺」

「万杉寺」

等胜景和历史名人留下的许多珍迹。著名的开先瀑布,被唐代大诗人李白赞颂:"日照香炉生紫烟,遥看瀑布挂前川,飞流直下三千尺,疑是银河落九天。"

第三个是万杉寺,位于江西省九江市星子县境内风光秀丽的庐山南麓,始建于南梁时期,距今有1500年历史。自古以来,万杉寺高僧辈出。宋时超公破荒栽杉,受皇恩雨露润泽。明朝高僧德昭,于万杉丛林大开讲席,弘宗演教,盛极一时。清代剖玉、可绍明、大楚、磊山师徒四代,光大禅林,宗风丕振。今有能行法师,于1995年春住持万杉,伐榛莽砍荆棘而入住,择原址取荒基而重兴,十九年如一日,恢复古刹,诚如菩萨之倒驾,西行而再来。

(二)遍布江西的著名寺院

1. 净居寺

青原山净居寺原名安隐寺,位于吉安市青原区河东街道青原山风景名胜区,距市中心13公里,始建于唐开元神龙元年(公元705年)。宋崇宁三年(公元1104年),建寺第399年,徽宗赐额"净居寺",一直沿用至今。

净居寺在中国佛教史上占有极其重要的地位。唐代高僧青原行思自幼具慧根,8岁出家,敬奉六祖十五载,于唐开元二年(公元714年)回净居寺弘扬禅宗顿

「净居寺」

悟学说。他开创了禅宗青原一派，后来发展为曹洞宗、云门宗、法眼宗。他恪守六祖惠能大师的"明心见性"、"顿悟成佛"之说，不立文字，把禅宗从单纯的学问修行引入道德修行，成为佛教禅宗一代祖师，世尊七祖。

净居寺现任住持是妙安法师，号清乐，江西省广丰县人。1989年在江西云居山真如寺出家，同年在广东南华寺受戒。2005年由两序大众推荐，接任净居寺方丈。

> 静居寺左为象，右有狮；后依安隐，前仰侍郎，整座寺庙坐东南朝西北，占地20余亩。目前建成的有天王殿、毗庐阁、七祖塔、禅堂。其中大雄宝殿三面环水、三桥拱立，有如碧波万顷之中托出一座琼楼玉阁。在全国寺庙建筑史上，仅此一例可谓得风又得水。

2. 真如禅寺

真如禅寺位于江西省九江市永修县的云居山西南部，是全国汉传佛教三大丛林之一，为佛教曹洞宗发祥地。真如禅寺始建于唐宪宗元和年间（公元806—810年）。当时有位道容禅师与司马头陀同游云居山，登上山顶时，见这里地平如掌，湖澄如镜，四周峦岫环列，屏障护持，宛然一处远离尘嚣、清静幽雅的桃源胜境。于是率徒诛茅垦山，治基建寺，一时名声大振，从者如风。唐宪宗李纯亲赐寺名"云居禅院"。唐僖宗中和三年（公元883年），曹洞宗二祖道膺禅师来主此山，僧众云集1500余人，唐僖宗赐额"龙昌禅院"。北宋大中祥符年间（公元1008—1016年），宋真宗敕改名为"真如禅寺"，一直沿习至今。

在真如寺发展历史中，道膺法师起了相当重要的地位。道膺禅师（公元835—902年）是佛教禅宗五宗之一曹洞宗洞山法系的传人。

「真如禅寺」

> 禅宗从初祖菩提达摩创建后,传到六祖惠能时分为南能北秀,其后又分化为沩仰宗、临济宗、曹洞宗、云门宗、法眼宗五个派别。曹洞宗由良价(公元806—869年)和本寂(公元840—901年)分别在江西洞山和曹山创立,主要是宣传理事不二、体用无碍的思想,家风细密,言行相应,随机利物,就语接人。曹山一系四传后就断绝了,只靠洞山法系道膺禅师一脉在云居山真如寺弘法,从而得以绵延流传下来。

从这个意义上说,真如寺是曹洞宗的源地。

禅宗五宗中,沩仰、云门、法眼三宗在宋朝以后都已失传,只有临济和曹洞两家保存了下来。由此可知云居山真如寺在佛教史上的重要地位。

除以上寺院以外,在江西省还有众多知名寺院,像南昌的东禅古寺、千佛寺,九江的能仁寺、华严寺,吉安的资国禅寺、灵泉寺,赣州的黄龙寺、宝华寺、海云寺,宜春的栖隐寺,抚州的曹山寺,萍乡的杨岐寺,等等。

长江下游的佛寺文明

皖南地区有着许多闻名遐迩的名山,有黄山、九华山、天柱山等。滔滔江水长年累月绵绵不息地从它们中间流过。山是水的气魄,水是山的灵魂,绵延的崇山峻岭中,江水默默的滋润下,一座座寺庙出现,发展,繁荣。

皖南佛寺藏峻岭

(一)崇山峻岭中的佛教丛林

1. 九华山的寺庙

九华山有很多中国著名的寺庙，与山西的五台山、四川的峨眉山和浙江的普陀山并称为中国的四大佛教名山，是广大佛教徒一心向往的人间圣地。九华山佛教寺庙众多，较为出名的有祇园寺、百岁宫、东崖禅寺。

> 祇园寺在九华山化城寺东面的东岩山麓，始建于明嘉靖年间(公元1522—1566年)，是九华山唯一一座宫殿式庙宇。

祇园寺山门呈八字形，顶为三层重檐宝塔式建筑，半檐悬山顶，黄绿色琉璃筒瓦。入口为一拱门，门上有祇园禅寺匾额。全寺分前殿、中殿和后殿，前殿轴线和中、后殿轴线成45度交角，是罕见的不对称平面布局。前殿为三层单檐硬山顶，有哼哈二将及一尊手执长鞭的三眼灵官护法神，两旁书"三眼遍观天下事，一鞭惊醒世间人"的对联。中殿为重檐歇山顶，黄墙拱门，供奉四大金刚塑像。后殿即大雄宝殿，重檐歇山顶，红墙，覆以金黄琉璃瓦，高大宏伟。殿中三座莲花座上，端坐三尊喷金大佛，约高7米，为九华寺庙佛像之冠。两旁还有十八罗汉像，表情不同，神态各异。佛像后面有海岛绘彩壁雕，以佛教故事为题材，生动活泼，艺术感染力强。

从大殿对面的回廊向前走，有法堂、斋堂、方丈寮、衣钵寮，楼下有禅堂、新戒堂等殿堂。

寺内有铜质大锅一口，名千僧锅。1933年开办五百罗汉期的授戒法会，就用它煮饭，供应千人的斋饭。由此可见祇园寺规模之大。殿后为僧人起居的各种家房和附属建筑。九华山佛教协会就

「祇园禅寺」

长江下游的佛寺文明

「百岁宫」

设在这里。

百岁宫,初名摘星庵,又名万年禅寺,坐落于插霄峰(东峰)之上,始建于明代。现在的百岁宫为5层古典走马通楼,雄踞悬崖绝壁之上,掩映在苍松翠柏之间,十分壮观,属于全国重点寺院之一。百岁宫现任住持为慧庆法师,他1980年拜九华山仁德法师为师,在旃檀林出家。

有关百岁宫的创建有一段相当感人的故事。

> 明万历年间,五台山僧人海玉云游至九华山,初住东岩摘星亭,见狮子山左右,有龟蛇供护之状,遂卓锡焉。海玉在此,以野果为食,用舌血和金粉,费时20余年,抄写《大方广佛华严经》,计81卷,无瑕圆寂于天启三年(公元1623年),享年110岁,世称百岁公。

时隔三年,恰逢王钦差来山进香,夜见霞光,因起视之,见无瑕结跏趺坐,面色如生,于是将肉身涂金保护,并奏闻朝廷,供养肉身于亭塔内。崇祯三年(公元1630年)敕封海玉为应身菩萨,并题塔名"莲花宝藏"。同年,海玉徒弟慧广主持戒堂,安单接众,创建寺庙,名百岁宫。道光年间住持僧宏楞重修、扩建百岁宫,称万年禅寺,遂成十方丛林。《大方广佛华严经》至今保存完好,为国家文物一级藏品。

东崖禅寺位于安徽省青阳县九华山东峰顶,坐落于巨岩之上,海拔871米,始建于明正德年间。

明正德年间,僧周经于此结茅,建"晏坐堂",以祀金地藏。万历年间释普通易"晏坐堂"为"东崖精舍",因石崖

「东崖禅寺」

位于化城寺之东故。明末，扩建了大雄宝殿和天籁轩。清同治九年（公元1870年），住持定慧重修大雄宝殿并建万佛楼、地藏殿和禅堂。民国初年，释心舟主持修建了僧寮，名为走马通楼，高达5层，可容数百人，安单接众，遂成十方丛林，为九华山四大丛林之一。

唐开元末年，新罗国王子金地藏初来九华山，居于东崖洞穴晏坐清修。至德二年（公元757年），山下居士诸葛节等数名乡绅游山，行至东崖，见金地藏之苦行，深为感动，发心修建化城寺，请金地藏离洞居住。

「三祖寺」

2. 天柱山的三祖寺

三祖寺位于安徽天柱山南面景色怡人的凤形山上，为南朝国师宝志禅师开创，梁武帝赐名山谷寺。隋初，禅宗三祖僧璨来此弘法教学，并传衣钵给四祖道信。公元606年在此立化，故称三祖寺。三祖寺的创建、发展及最后地位的确立，大致经历了三个阶段。

第一阶段是宝志建庵。南朝刘宋明帝泰始初年（公元465年），建康（今南京市）道林寺高僧释宝志云游各地，来到天柱山，酷爱谷口凤形山的山光水色，意欲安禅弘法。梁天监四年（公元505年），江南云游方士白鹤道人亦看中了这块风水宝地，拟建观传道。

两家为争此地展开了激烈的争夺。一山岂能二主居，梁武帝萧衍闻奏后，命二人各显灵通，以物识地，得者居之。白鹤道人即展开手中羽扇，口中念念有词，顷刻扇子化成白鹤，向凤形山飞来，落地而立。释宝志当下挥动手中锡杖，投向凤形山，本来是白鹤先到，当听到锡杖飞声刺耳，昂头一望，正向自己打来，即起身飞到右边的山岗上，锡杖稳稳当当地插在地上。因此，梁武帝便将此山赐予了高僧宝志。宝志得到此山，住在石洞里习静参禅，后开山建刹，初名菩提庵。

长江下游的佛寺文明

第二阶段是僧璨弘法。周武灭佛时，二祖慧可护法南下，来到了舒州皖公山（即天柱山），遇到了高徒僧璨。后灭佛运动过去，佛教再兴，僧璨于隋开皇二年（公元583年）得到慧可传承衣钵后，于隋文帝开皇十年（公元590年）正式挂锡山谷寺（即三祖寺），研著《信心铭》经典，公开传经布法。隋炀帝大业二年（公元606年）十月十五日，大师在寺前法会大树下，为众说法后合掌立化，葬于寺后。

第三阶段是历代皇封。菩提庵自宝志开山建刹，香火旺盛，声震朝野。梁武帝萧衍闻奏，于大同三年（公元536年）赐名山谷寺。唐乾元元年（公元758年），肃宗李亨御赐山谷寺为三祖山谷乾元禅寺。大历七年（公元772年），代宗李豫又谥僧璨号鉴智禅师，赐塔名为觉寂塔。

> 宋太平兴国七年（公元982年），邑民柯萼于玉镜山古松树下掘一石刻，上镌释宝志手书"圣祚绵远"四字，进献朝廷。太宗赵匡义取名瑞石，遣使来三祖寺致谢，谥宝志名宝公，赐名道林真觉禅师。

这些皇封和御赐，不仅充分肯定了三祖寺的历史地位，而且为振兴佛教提供了发展的良机。宋代诗人张同之有诗云："飞锡梁朝寺，传衣祖塔丘；石龛擎古木，山谷卧青牛。半夜朝风起，长年涧水流；禅林谁第一，此地冠南州。"

3. 黄山翠微寺

翠微寺位于安徽省黄山翠微峰下，唐太和三年（公元829年）始建。南唐保大五年（公元947年）李璟敕赐"翠微寺"寺额，寺亦易名。黄山曾有佛家四大丛林，即云谷寺、慈光阁、翠微寺、祥符寺。近代有的已毁，还有的改作他用，唯历史悠久的翠微寺依然存在，而且香火兴旺。翠微寺在国内知晓者甚少，但在印度、缅甸却很有名

「翠微寺」

气,寺内不少佛像是由缅甸等国家赞助提供的。这是因为它的创建人是一位来自古代印度的高僧,名曰包西来,俗称麻衣和尚。

约在公元800年,包西来进入中国,从四川省东下,云游中华名山大川。唐文宗大和二年(公元828年)来到黄山,对这里的神奇风光大加赞叹,认为此地即佛地,决心在此修行。

> 包西来安坐洞内诵经念佛,并手持锡杖在山上挖蕨根,采野果,数月后被当地樵夫发现。有位姓洪的山民提议为这位外国来的和尚修庙,并带头捐献翠微寺前的田地作为建庙场地。洪氏家族一呼百应,有钱出钱,有力出力,有物出物,很快就把佛庙盖起来了。于是这位不远万里而来的高僧就在寺里主持香火。山民们不知道他的法号,只见他自己编麻为衣,便称他为麻衣祖师,道场也就被称为麻衣道场。

正当麻衣祖师与黄山人民和睦相处之际,一场灾难不期而遇。唐武宗突然下"灭佛尊道"的旨意,令麻衣祖师关闭庙门,停止佛事,马上离开中国。面对此情此景,包西来和尚愤然提笔,挥诗一首:"敕命如雷下翠微,佛前垂泪脱麻衣;山中有寺不容住,四海无家何处归?"武宗看了这首诗,对麻衣祖师大加赞赏,写了一首安慰他的诗送上,曰:"忍仙林下坐禅时,曾叫歌王割四肢。况我圣朝无此事,只叫修道又何悲?"最终麻衣道场得以保留,大师在寺内定居了下来。

(二)遍布皖南的其他寺庙

1. 迎江寺

迎江寺位于安徽省安庆市枞阳门外的长江边上,整座寺院建筑在长江岸边的高地上,殿堂巍峨,创建于宋开宝七年(公元974年),曾名古万佛寺。明朝万历四十七年(公元1619年)重新募建。清朝初年又重

「迎江寺」

建，以后续有整修扩建，终成沿江一带名刹。清同治元年（公元1862年）重建，名迎江寺，意为寺院迎长江而立。1983年迎江寺被列为中国汉族地区佛教重点寺院之一。

> 迎江寺大门上方书有"迎江寺"三字匾额，门两边各置铁锚一个，重约3吨，这是该寺有别于其他寺庙的独特之处。据民间传说，安庆地形如船，塔为桅杆，若不以锚镇固，安庆城将随江东去，故而设之。

门口右边写有："佛日增辉，法轮常转"，左边是："庄严国土，利乐有情"。寺内建筑以四进殿堂及一塔为主体。一进天王殿，殿高10.4米，面积约300平方米，正中坐一尊袒胸露腹、张口憨笑的弥勒佛像。二进大雄宝殿，高17.72米，面积409平方米。殿内三尊大佛，居中是娑婆世界的教主释迦牟尼佛，东西两侧为消灾延寿药顺佛和阿弥陀佛，殿后骑狮的为文殊菩萨，骑象的为普贤菩萨，两厢佛台上供降龙、伏虎等十八罗汉塑像，姿态各异，造型生动。三进毗卢殿，脊高17.7米，面积约580平方米。殿内中间供奉的是毗卢佛，左边是大梵天王，右边是帝释天神。四进藏经楼，楼高16.2米，面积981平方米，分上、中、下三层，楼上藏有佛经万余卷，还有《妙法莲花经观世音菩萨普门品》附《心经》。

一塔说的是振风塔，原名万佛塔，建于明隆庆四年（公元1570年），是长江流域少见的迎江七级浮图，远看如同一直立的圆锥体，挺拔秀丽；近看由砖石砌成的楼阁式建筑，庄重华美，被称为万里长江第一塔。

2. 明教寺

明教寺原名铁佛寺，又称明教院、曹操点将台，坐落于中国安徽合肥市逍遥津公园旁。始建于南朝梁时，初名铁佛寺，百年后毁于隋末兵祸。唐大历年间（公元766—779年）重建，定名为明教院，明代改称明教寺。现存大雄宝殿系清光

「明教寺」

「明教寺大雄宝殿」

绪年间所建。1983年，被国务院定为全国汉族地区重点寺院。

明教寺是西庐寺的下院，属禅宗临济派，远代祖师谱已失无稽，但到了清朝，明教寺已经成为了合肥最大的寺院。据清嘉庆《县传城郭图》载："合肥城郭有寺院四十余所，明教寺规模宏伟，为众寺之冠。"明教寺为明朝院式建筑，山门朝南，从两侧拾级而上，循序为天王殿、大雄宝殿、地藏殿，西侧有法堂、方丈室，后殿两翼为寮房、藏经楼及齐堂，布局严谨，错落有致。大雄宝殿飞檐翘角，风铃叮当，殿脊高耸一巨大锡葫芦，银光闪耀，直刺云天，显示了我国佛教寺院威严庄重的建筑特色。

3. 琅琊寺

琅琊寺位于安徽省滁州市，是我国东南名刹，由滁州刺史李幼卿与僧人法琛于唐代大历年间创建。唐代宗赐名宝应寺，宋代易名开化禅寺，后因山名相沿，习称琅琊寺。琅琊寺掩映在绿树浓荫之中，潺潺泉水绕寺而过，亭台楼阁错落有致。诚如宋人诗云："踏石披云一径通，翠微环合见禅宫。峰峦密郁泉声上，楼殿参差树色中。"1983年，琅琊寺被国务院列为汉族地区佛教全国重点寺院。

「琅琊寺」

琅琊寺景观别致。大雄宝殿为寺内主要建筑，雄伟壮观。殿前院落中央有明月池，池上一拱桥曰明月桥，池北有一精舍为明月观，明月观后有三友亭，因亭旁有松、梅、竹岁寒三友而得名。从琅琊寺东南偏门出来，便可看见南天门与无梁殿。

登上山顶便是南天门，这里可远眺长江和江南诸峰的雄姿，近瞰绿荫如盖，云雾缭绕，溪水潺潺，清幽俊秀的琅琊山自然风光，令人陶醉。

长江下游的佛寺文明

> 无梁殿建在山腰，背靠大山而面对南天门，无一木梁，全系砖石结构，以其独特的建筑样式著称于世。

除以上所说寺庙之外，在广袤的皖南崇山峻岭之间还有许多著名的寺院，如芜湖的广济寺、千佛禅寺，九华山的慧居寺、天台寺、旃檀林，安庆的乾元寺、宝华禅寺、龙泉寺，黄山的太平兴国寺、龙山寺、慈光寺，合肥的西庐寺、开福寺，等等。

苏湖佛寺冠天下

南宋时期有句民谚：苏湖熟，天下足。说的是江南地区已经成为了我国的经济重心。时至今日，江南的经济在国民经济中仍然占据着举足轻重的地位，在我国政治、文化、宗教等方面的主导地位也逐渐确立。在这样的大环境下，佛教在江南地区有了飞跃发展，佛教寺庙开始遍布江南的大街小巷、广袤峻岭中，无论是数量还是质量都日益成为天下佛寺之冠。尤其是在中国佛教史上一家称霸的禅宗，发展尤为迅猛。中国禅宗四大丛林全部分布在江南，分别是镇江金山寺、扬州高旻寺、常州天宁寺和宁波天童寺。接下来我们说说这些各具风姿、冠绝天下的苏湖寺庙。

1. 寒山寺

寒山寺位于苏州市姑苏区，始建于南朝萧梁代天监年间（公元502—519年），初名妙利普明塔院。唐时期先后有寒山、希迁来此创建伽蓝，题额"寒山寺"。寒山寺属于禅宗中的临济宗，占地面积约1.3万平方米，建筑面积3400余平方米。寒山寺历来被称为中国十大名寺之一，其他九所分别是洛阳白马寺、登封少林寺、杭州灵隐寺、石家庄隆兴寺、泉州清净寺、开封相国寺、北京卧佛寺、

「寒山寺」

西藏扎什伦布寺和西宁塔尔寺。

寒山寺现存殿宇大多为清代建筑,主要有大雄宝殿、藏经楼、钟楼、碑廊、枫江楼、霜钟阁等。寒山寺的建筑布局没有严格的中轴线。山门前面的石拱圈古桥是江村桥,桥堍与山门之间那垛黄墙称照壁,山门两旁两棵古樟,黄墙内古典楼阁飞檐翘角,右为枫江楼,左为霜钟楼,都源于《枫桥夜泊》诗。佛龛背后一尊威风凛凛的将军像,面朝里,对着大雄宝殿,手拿金刚杵(也叫降魔杵),那是韦驮,位居四大天王手下的三十二神将之首。

「寒山与拾得」

寒山寺之所以命名,来源于一段感人肺腑的传说。

相传唐太宗贞观年间有两个年轻人,一名寒山,一名拾得,从小就是非常要好的朋友。长大后寒山父母为他订了亲,然而,订亲的姑娘却早已与拾得互生爱意。当寒山得知以后,经过几天几夜痛苦的思考,毅然决定离开家乡,独自去苏州出家修行。一天,拾得信步来到寒山的家中,得知寒山为了他与姑娘的幸福远走出家,深感对不起寒山,决定离开姑娘,寻觅寒山,皈依佛门。在前往苏州的途中,拾得看到池塘里盛开着一片红艳艳的荷花,一扫多日来心中的烦闷,顿觉心旷神怡,就顺手采摘了一支带在身边。拾得终于在苏州城外找到了寒山,手中的荷花依然鲜艳芬芳。寒山见拾得到来,高兴极了,急忙用双手捧着盛有素斋的箧盒,迎接拾得,两人会心地相视而笑。于是寺名由妙利普明塔院改成寒山寺。

两人曾有一句问答在佛教界和民间广为流传,影响甚广。寒山问拾得:世间有谤我,欺我,辱我,笑我,轻我,贱我,恶我,骗我,如何处治乎?拾得曰:只是忍他,让他,由他,避他,敬他,不要理他,过十年后,你且看他!

2. 金山寺

金山寺，原名泽心寺，亦称龙游寺。清康熙皇帝赐字"江天禅寺"，沿用至今。虽名称多变，但自唐以来，人们通称金山寺。金山寺位于镇江市区西北，始建于东晋年代，距今已有1500多年。金山寺规模宏大，全盛时有和尚3000多人，僧侣数以万计。清代金山寺与普陀寺、文殊寺、大明寺并列为中国四大名庙。

> 金山寺打破寺院坐北朝南、分三路的布局，依山就势，大门西开，正对江流，各色建筑散布其上，风格奇特。唐代张祜描述为："树影中流见，钟声两岸闻"，北宋沈括赞颂曰："楼台两岸水相连，江北江南镜里天"。金山寺位于长江边上，殿宇厅堂、亭台楼阁，全部依山而建，加之慈寿塔突兀拔起于金山之巅，从江中远望金山，只见寺庙不见山，故以"金山寺裹山，见寺，见塔，不见山"的风貌而蜚声海内外。

有关金山寺，流传着许多家喻户晓的故事，如白娘子水漫金山寺、梁红玉击鼓抗金兵、岳飞金山寺详梦等，其中以《白蛇传》的传说最为著名。金山寺被列为国家5A级风景区。

金山寺山门朝西有别于其他朝南的寺庙，其用意在于迎合"大江东去，群山西来"之诗意。由山门入天王殿，中供弥勒佛，旁有联曰："大肚能容，了却人间多少事；满腔欢喜，笑开天下古今愁"。两旁塑四大金刚，左侧是东方持国天王、南方增长天王，右侧是北方广目天王、西方多闻天王，形象高大逼真，意在看守山门。天王殿向后便是大雄宝殿。现存大雄宝殿为1985年重建，1990年落成。"大雄宝殿"四字为赵朴初题写，高悬殿额。大雄宝殿歇山重檐，雕梁画栋，黄墙红柱，金色琉璃屋面，白石柱础栏杆，气势雄伟庄严。大殿外墙书"庄严国土，利乐有情"八字。殿内正中释迦牟尼

「金山寺」

佛，阿弥陀佛和药师佛分立两侧，两旁六十八罗汉，背面为海岛观音像，两旁站立善财童子、龙女，特别引人入胜。

> 金山寺还有另外一件奇宝，那就是慈寿塔。慈寿塔，又名金山塔，创建于1400余年前的齐梁之际，塔高30米。清代咸丰年间塔毁，光绪二十年（公元1894年）重建，仍名慈寿塔。此塔玲珑、秀丽、挺拔，矗立于金山之巅，和整个金山及金山寺配合得恰到好处，仿佛把金山都拔高了。塔为砖木结构，七级八面，内有旋式梯，供游人登塔远眺，每层四面有门，面面有景，风光各异。游人登临塔顶，凭栏远眺，东望长江中的焦山和形势险固的北固山，南望城市风光行重重叠叠的山峦峻峰，西望波光粼粼的鱼池和浩浩荡荡的大江激流，北望烟波缥缈的古镇瓜州和古城扬州，令人大开眼界，心旷神怡。

3. 高旻寺

高旻寺位于扬州市南郊古运河与仪扬河交汇处的三汊河口，是国家重点保护寺院，是驰名中外的清代扬州八大名刹之一。1983年，国务院宗教事务局正式将高旻寺列为全国重点寺观之一。

高旻寺创建年代史籍无考，相传建于隋代，屡兴屡废，且数易其名。顺治八年（公元1651年），两河总督吴惟华于三汊河岸筹建七级浮屠，以纾缓水患，名曰天中塔。十一年（公元1654年）秋塔成，复于塔左营建梵宇三进，是为塔庙。康熙帝于三十八年（公元1699年）三次南巡莅扬，见天中塔倾圮，欲颁内帑修葺，为皇太后祈福。四十三年（公元1703年）康熙帝四次南巡，曾登临寺内天中塔，极顶四眺，有高入天际之感，故书额赐名为"高旻寺"。次年又御制《高旻寺碑记》，颁赐内宫药师如来脱沙泥金宝像，寺内建金佛殿及御碑亭供奉。清中叶，高旻禅寺规模大备，名僧辈出，臻于鼎盛。道光二十四年（公元1844年），塔再次

「高旻寺」

倒塌，此后未能重建，高旻禅寺自此衰微。

> 直至近代，高僧来果住持高旻寺30多年，扩建寺宇，整顿寺规，严明宗约，断绝经忏，唯以参禅悟道为指归，由此宗风大振，名闻于世，与镇江金山、宁波天童、常州天宁并称，号禅宗四大丛林，又有"上有文殊、宝光，下有金山、高旻"之说。

古语有云："金山腿子高旻香，天宁寺放参盖三江。"高旻寺的出名在于坐禅，亦称坐香，即坐禅以香计。

> 高旻寺是临水寺庙，建筑活泼轻灵，幽雅而又含蓄，佛教建筑形态趋于民居化、花园化。世俗情态格调逐渐代替了宗教神秘色彩，堪有江南小家碧玉的情调。

4. 天宁寺

天宁寺位于常州市内红梅公园南面，天宁区罗汉路1号（近红梅路）。始建于唐永徽年间，开山祖师是法融禅师。初名光福寺，几经毁建，几度更名。北宋政和元年（公元1111年）改为今名，有东南第一丛林、一郡梵刹之冠的称誉，是常州的主要旅游景点之一、全国重点佛教寺院之一、江苏省文物保护单位。

「天宁寺」

> 天宁寺雄踞常州东门外，前俯举世闻名的京杭大运河，后倚常州第一大公园——红梅公园，是常州现存规模最大、保存最完整的千年古刹。其特点是五大：殿大、佛大、钟大、鼓大、宝鼎大。

长江文明之旅·佛寺道观

天宁寺内主要殿宇有八殿、二十五堂、二十四楼、三室、两阁等建筑，总面积110亩。天王殿为中国屈指可数的大殿，檐下挂有中国政协副主席、中国佛教协会会长、当代著名书法家赵朴初题写的"天王殿"三个金光闪闪的大字巨匾。

天宁寺内还坐落着一座举世闻名的全球最高的佛塔，即号称中华第一佛塔的天宁宝塔。

天宁宝塔始建于2002年4月，于2007年4月30日开光，总建筑面积2.7万平方米，塔高13层153.79米，为国内4000多座宝塔之最。从底层地宫到顶层钟楼，整座宝塔以佛教文化为主线，以东阳木雕、扬州漆器、常州乱针绣、惠安石雕等手工艺术为表现手法，巧妙地诠释了大乘佛教的诸多教义。

「天宁宝塔」

佛塔与北方云岗大佛、中原龙门大佛、西方乐山大佛、东方灵山大佛、南方香港天坛大佛遥相呼应，成为五方五佛的佛心。天宁宝塔在外形上采用了唐宋古塔的风格，八角飞檐，形态端庄，简洁粗犷，气势宏大，塔身装饰也沿袭天宁禅寺袭唐宋建筑的风格，华贵而不繁复，简洁亦显大气，虽无雕梁画栋之美，却有古色古香之韵，透出一股庄严之气。

5. 栖霞寺

栖霞寺位于南京市栖霞区栖霞山，是中国四大名刹之一、江南佛教三论宗的发源地。始建于南齐永明七年（公元489年），是中国佛教三论宗的祖庭之一，论宗初祖梁僧朗曾于此大弘三论教义。

隋文帝于八十三州造舍利塔，诏以栖霞寺为首。唐代时称功德寺，规模浩大，与山东长清的灵岩寺、湖北当阳市的玉泉寺、浙江天台的国清寺，并称天下四大丛林。

清朝末年，太平天国与清兵作战时，栖霞寺毁于战火，现寺为1919年重建。

「栖霞寺」

1983年被确定为汉族地区佛教全国重点寺院，同年创建中国佛学院栖霞山分院。

栖霞寺是南京市主要的旅游景点之一，主要旅游景点有舍利塔、大佛阁、千佛岩。

舍利塔为南唐遗物，是长江以南最古石塔之一，是中国最大的舍利塔，建于隋仁寿二年（公元602年），10世纪南唐时重建，是栖霞寺内最有价值的古建筑。

「栖霞寺舍利塔」

石塔八角五级，高约15米。基座围以勾线造石栏杆，为近代发掘五代原物复原。基座地面雕刻海水及龙凤鱼虾等图形，现仅残存一部分。塔身下须弥座各面浮雕释迦八相。塔顶原为金属刹，有铁链引向脊端重兽背铁环，后世改用数层石雕莲花叠成的宝顶。宝塔图像严谨自然，形象生动，雕刻十分精致，构图颇富有中国画的风格，为五代时期佛教艺术的杰作。历经千年风雨，虽有部分石檐毁坠，仍巍然屹立，成为金陵佛气极盛的见证。

舍利塔东有大佛阁，又称三圣殿，供无量寿佛，为南齐时代开凿。观音、势至菩萨左右立侍，佛像的衣褶风格颇似大同云冈石窟之佛。大佛阁后、舍利塔东、无量殿后山崖间的千佛岩，素有"江南云岗"之称，是中国唯一的南朝石窟。

> 南朝齐明僧绍死后，其子仲璋与沙门法度首先在西峰两壁上镌造无量寿佛及观音、势至两菩萨。相传佛像雕成后，在佛龛顶上放出光彩，于是，齐、梁的贵族仕子闻风而动，各依山岩的高下深广在石壁上凿雕佛像，或五六尊或七八尊为一龛，号称千佛岩。

千佛岩位于南方，与云冈石窟南北遥遥相对，是中国古代雕刻艺术的杰作。

6. 隆昌寺

隆昌寺又称宝华寺，位于句容市境内宝华镇的宝华山上，与南京市栖霞区毗邻。始建于公元502年，至今已有1500多年的历史。据《宝华山志》记载："宝华律宗为金陵四百八十大梵刹最上者。"最初是梁代高僧宝志和尚在此结庵传经，故名宝志公庵。明神宗敕赐大藏经及护国圣化隆昌寺的名称，于是改称隆昌寺。

「隆昌寺」

隆昌寺是佛教律宗祖庭，有律宗第一名山之称，寺内戒台只有有放戒资格的寺院才能拥有。放戒是佛教仪式之一，大概相当于现代大学授予学位一般。

> 隆昌寺戒坛为汉白玉所制，原为木结构，律宗第二代祖师见月大和尚改为石制坛。据《宝华山志》载，见月造石戒坛时，开基的夜晚，感坛殿放光五色，直冲云霄，众山群楼，亮如白昼。隆昌寺律院先后放戒70余期，戒僧遍及天下，东南亚、日本等地许多信徒也慕名前来受戒。凡取得隆昌寺戒牒的和尚，走遍全国大山名刹，都会得到热忱接待。

隆昌寺号称有殿宇九百九十九间半，风格独特，四合方形宛如一座法坛，与众不同的是山门面北偏东，既小又僻，这是因为律宗寺院戒律严格，将山门造小使僧人不能随便进出，也可避去尘俗烦扰。

> 隆昌寺初祖宝志和尚就是后来家喻户晓的济公和尚的原型，他的一生不乏神异之事。刘宋泰始初年(公元465年)，宝志禅师经常长发赤足，手执锡杖，上挂剪刀、拂扇、镜子等物，游走于街头巷尾间，可以几天不进食也不觉得饥饿，常讲一些他人不能理解但事后又能应验的话，所以禅师虽然行迹几近癫狂，但江东一带的官员、百姓都很尊崇他。

这些神异的事件传到了齐武帝的耳中，认为宝志禅师妖言惑众，于是将他囚禁在牢狱之中。神奇的是，人们仍旧见到他在街市上游走，前往探监时，却又看见他的确是在牢狱中。待到梁武帝时期，武帝尊奉佛法，立即下诏："大士宝志，迹拘尘垢，游甚冥寂，水火不能燋濡，蛇虎不能侵惧。语其佛理，则声闻之上；谈其隐沦，则遁仙高者，岂可以俗法常情空相疑忌？自今中外，任使宣化。"大师从此悠然自在，行化人间。

此等神异事件虽属传说，然可以看出大师在齐梁之间对于佛教发展的贡献。

苏湖地区佛教寺庙冠绝天下，除以上寺庙之外，尚有许多闻名海内外的寺庙，如南京的灵谷寺，苏州的西园寺、灵岩山寺，镇江的定慧寺，常熟的兴福寺，南通的广教寺，扬州的大明寺等，同样于1983年被列为汉族地区佛教全国重点寺院。至于其他分布于大街小巷形形色色的寺庙，更是不胜枚举。

上海佛寺最人间

为什么说上海佛寺最人间呢？晚清民国佛教遇到了前所未有的大危机。一方面佛教宗风不振，原来佛教所追求的超越、出世、彼岸净土的情怀难以为岌岌可危的中国带来精神上的寄托，另一方面庙产兴学的提出给各种觊觎佛教寺庙财产的势力提供了绝佳的借口，于是佛教受到冷落，寺庙被人抢占。

> 面对此情此景，关心佛教未来的高僧大德开始为佛教的发展谋出路，先后出现了虚云、敬安、太虚、圆瑛等一批得道高僧。他们提出了"人间佛教"的理念来应对时局，即：变成佛的超越追求为成菩萨的救世精神，融上求佛道的终极关怀于下化众生的实践理性之中，对彼岸净土的关注反归人间净土的建设。

佛教在中国开始出现新的变化，先是开办新式僧学堂，后来又成立省统一佛教机关——省教育会，再后来是成立全国性的佛教组织来统一领导佛教的发展、贯彻"佛教人间"的新理念，以应付时局，为佛教谋求更大的发展。

民国年间先后成立了两个较有权威的全国性佛教组织，分别是中华佛教总会和中国佛教会，领导机关都在上海，近代召开的第一次和第二次全国佛教徒代表大会都是在上海举行的，就连两个佛教会的中央委员会议也多是在上海召开的。上海比较著名的寺院，如静安寺、玉佛寺、龙华寺，都曾为近代以"人间佛教"为理念的佛教事业作出过杰出的贡献。所以说，上海佛教最人间。

近代的上海风云际会，成为中国最主要的国际大都会，而上海的佛教寺庙也担负起了全国佛教领头羊的角色。

1. 静安寺

静安寺是上海市著名的真言宗古刹之一，位于静安区南京西路1686号。相传始建于三国孙吴赤乌年间，初名沪渎重玄寺。宋大中祥符元年（公元1008年）更名静安寺。南宋嘉定九年（公元1216年），寺从吴淞江畔迁入境内芦浦沸井浜边（今南京西路1686号），至今已近780年。民国三十四年（公元1945年），书法家邓散木题额"静安古寺"，沿用迄今。静安寺是闹市中难得的清修之地，由大雄宝殿、天王殿、三圣殿三座主要建筑构成，雄伟壮观，寺内还藏有八大山人名画、文徵明真迹《琵琶行》行草长卷。

「静安寺」

> 静安寺风景独秀，元代诗僧寿宁曾将寺院之景吟为"静安八景"，即三国时所立"赤乌碑"、南北朝时所植"陈朝桧"、源于神僧智严异行而流传的"虾子潭"、南宋仲依所建"讲经台"、沸井浜中突沸的"涌泉"、诗僧寿宁所筑方丈室"绿云洞"、行人取道渡吴淞江的古渡口"芦子渡"、东晋遗存防御海寇的"沪渎垒"。今均湮没。

民国初期，静安寺一度成为上海和全国佛教活动的中心。1912年，第一个全国性佛教组织——中华佛教总会成立，会址设于静安寺，著名爱国诗僧寄禅（八指头陀）任会长。次年，寄禅为保护全国寺庙财产，赴京请愿未果，不幸圆寂于北京法源寺。上海及全国佛教界在静安寺召开追悼大会，太虚大师在会上提出"教理、教制、教产"三大革命说，对全国佛教影响很大。1913年3月，中华佛教总会在静安寺召开首次全国代表大会，会议推选冶开、熊希龄为会长，清海为副会长，圆瑛为参议长。可惜好景不长，由于外部压力减缓，内部步调不一，纷乱杂陈，中华佛教总会很快陷入瘫痪。但不管怎样，这都是建立全国性佛教组织的一次伟大尝试，意义是很巨大的。

近代静安寺出现了一位著名的高僧大德，那就是持松法师。1947年他担任方丈时提出了四项要求：一、静安寺既定为十方丛林，今后住持选举，应由佛教会会同本市诸山代表及本寺两序大众公推，以示大公而杜流弊；二、静安寺应作为佛教文化事业中心，逐渐减少酬应，以期成为纯粹弘法之道场；三、寺内经济应行公开，尽力所及，举办佛教慈善公益事业，以符佛陀救世利生之旨；四、本人潜心内学，不善外缘，重违大众嘱托，除寺内行政大计如需本人主持外，其

「静安寺持松法师」

余事务，概由监院领导诸执事分别负责。所有琐务应酬，幸勿相累。以上四项获得与会者一致通过。持松法师担任住持后，寺务大有进展，充分体现了"佛教人间"的新理念，大大提高了静安寺在近代佛教中的地位。

2. 玉佛寺

玉佛寺位于上海普陀区安远路，不仅是沪上名刹，也是闻名于海内外的佛教寺院，为上海旅游的十大景点之一。它虽地处繁华的市区，却又闹中取静，被喻

「玉佛寺」

为闹市中的一片净土。创始至今已有 120 年的历史，前后有 11 任住持。每逢初一、十五或佛教传统节日，善男信女、三皈居士，接踵而至。院内香烟缭绕，福烛高照，都市风光中的丛林名刹，超凡脱俗、别具韵味。

> 清光绪八年(公元 1882 年)，普陀山慧根法师朝五台，历峨眉，入西藏，到印度，礼佛后过缅甸，在当地华侨的赞助下，开山取玉，雕成五尊玉佛，并请回普陀山。路经上海时，留下坐佛、卧佛各一尊，即在江湾镇造庙供奉，称玉佛寺。1918 年，佛寺毁于兵火，故择现址重建，新寺易名为"玉佛禅寺"。

玉佛寺的历任方丈中，数苇舫法师最为著名。苇舫法师是玉佛寺第九任住持，法名乘原，俗姓朱，江苏东台人，家中世代奉佛，信仰虔诚。1922 年，年仅 13 岁的他即投本县福慧寺出家，1926 年于南京宝华山受具足戒，曾先后就读于高邮放生寺、常熟兴福寺佛学院、北平柏林寺佛学院，后因辅佐太虚大师整理僧伽制度，入武昌佛学院求学。随侍太虚大师数年，逢太虚大师升座讲经，苇舫法师每为记录。七·七事变后，他主持武昌佛学院，编辑《海潮音》月刊。1940 年，随太虚大师出访印度、锡兰（今斯里兰卡）、缅甸等国，宣传我国人民的抗日政策。抗战胜利后，奉太虚大师之命赴武汉恢复武昌佛学院和世界佛学苑图书馆。1949 年 3 月，任玉佛寺住持。新中国成立后，苇舫法师在修建玉佛寺、促进世界和平方面作出了极大的贡献。他还参加了《辞海》佛教条目的编写工作。

3. 龙华寺

龙华寺位于上海徐汇区龙华路 2853 号，是上海地区历史最久、规模最大的古刹，距今已有 1700 多年历史，寺名来源于佛经上弥勒菩萨在龙华树下成佛的典故。现今龙华寺殿宇的大部分属清同治、光绪年间的建筑，并保

「龙华寺」

持了宋代伽蓝七堂制的格式。

> 龙华寺至今还流传着一段相当神异的传说。相传在三国时期，西域康居国大丞相的大儿子会不恋富贵，看破红尘，出家当了和尚，人称康僧会。康僧会秉承佛旨，来到中华弘传佛法。一日，来到上海、苏州一带的龙华荡，见这里水天一色，尘辙不染，认为是块修行宝地，决定在这里结庐而居。他不知道这里之所以景致幽静不凡，是因为广泽龙王在这里兴建了龙宫。广泽龙王见来了个和尚居住，起了恶念，要掀翻和尚的草庐，把他吓走。可是龙王突然发现草庐上放射出一道毫光，上有五色祥云，挨近一看，见康僧会神色端详，正在打座诵经。龙王听了一会儿，被和尚所诵的佛旨所感动，把龙王宫让给了康僧会，用来兴建梵宇。康僧会接受了龙王的一番好意，把龙宫改建成了龙华寺。

4. 沉香阁

「沉香阁」

沉香阁，又名慈云禅院，坐落在上海市沉香阁路29号。始建于明万历年间，重建于嘉庆二十年（公元1815年），改名为慈云寺，但民间仍称它为沉香阁，是上海市著名的佛教比丘尼道场。1983年，被国务院定为汉族地区佛教全国重点寺院。

整个寺院颇具规模，前有弥勒殿。山门石坊，中有大雄宝殿、沉香佛殿，还有造鹤轩、前殿禅堂及左右厢楼。

> 沉香阁名字的由来，据清同治《上海县志》载："明万历二十八年，有沉香观音像浮至淮口，时潘允端督漕淮上，奉归建阁。"阁的建筑形式庄重典雅，在整座寺中显得非常突出。阁在清代为邑城官员祈晴祷雨之处，上海在未建万寿宫前，皇帝皇太后生日也在这里朝贺，因而香火旺盛，誉满上海城。

沉香阁最著名的景观非观音阁莫属。观音阁飞檐翘角，古奥典雅，阁上有横匾，上题"南海宝筏飞渡观音大士阁"。底层为丈室，楼上供沉香观音，观音高1米许，坐姿，屈一足，垂首于膝，首微侧，作凝思状，称如意轮观音，每当雨天，沉香芳馥四溢。观音原为明代督漕潘允端自淮水所得，可惜文革之中不知去向。现为沉香阁住持观性法师1990年专程去泰国，

「沉香阁观音阁」

从泰国募集到一段极其珍贵的真正的沉香木，运回上海，配以上等檀香木，照原样放大重雕而成，其神态和工艺水平不逊于原像。

5. 圆明讲堂

上海圆明讲堂创立于1934年秋，是现代名僧圆瑛法师的道场。1983年，被国务院定为汉族地区佛教全国重点寺院。

圆明讲堂因圆瑛法师而建，亦缘法师而在近代蜚声海内外。圆瑛（公元1878—1953年），法号宏悟，别号韬光，又号一吼堂主人，先后任福州雪峰崇圣禅寺、宁波七塔寺、天童寺、福州涌泉寺、林阳寺住持。他扩建寺庙，订立规章，并先后在宁波、上海、杭州、扬州、南京、北京、天津、厦门、福州、潮州、长沙、武汉、台湾、香港及东南亚各国讲经弘法，并创办佛教讲习所、圆明讲堂、楞严专宗学院等，培育僧伽人才。1934年，圆瑛法师在上海创办圆明讲堂后，常住讲堂讲经说法，著书立说。1942年在圆明讲堂举办了圆明楞严专宗学院、上海圆明佛学院、圆明法施会，刊印圆瑛法师所著《楞严经讲义》等20余种经书，并设莲池念佛会，培植僧才，使圆明讲堂盛极一时。

「圆明讲堂」

1953年圆瑛法师圆寂,弟子明旸法师继为圆明讲堂的住持。根据佛教承系,明旸法师为禅宗临济宗四十一代、曹洞宗四十六代法嗣。他继承老法师爱国爱教事业,尤其是1978年以来,他历访美国、日本、加拿大、墨西哥、德国、澳大利亚、印度、缅甸、韩国、马来西亚、新加坡、菲律宾、泰国、印度尼西亚等国家及台湾、香港、澳门等地区,并多次代表中国佛教协会或赵朴初会长率团出席国际会议、举行大型法务活动、在国内主持各种

「圆瑛法师」

大型宗教活动,俨然一位著名的民间外交和宗教活动家,为佛教事业的发展作出了杰出的贡献。

除此之外,在这喧嚣的都市里还分布着大大小小各具特色的寺庙,为佛教事业的发展、佛教慈善活动的开展,做着力所能及的分内之事,比如吴兴寺、清真寺、真如寺、慈修庵、福缘禅院、太平报恩寺、太平禅寺、龙音寺、庆云寺、菩提禅寺、福泉寺、万寿寺、延寿寺、报国寺,等等。

长江流域道教宫观概述

　　道教是中国土生土长的民族宗教。道教吸取中国母体文化的各种养料,形成了独具特色的道教文化体系。

　　长江流域是道教的发源地之一,长江流域的道教名山、祖庭、宫观胜迹如繁星点缀,灿若银河。

长江流域道教宫观概述

道教，是中国土生土长的民族宗教。道教最早的产生地，一是长江流域的巴蜀，时称五斗米道，由张陵在东汉末创立；二是中原大地，时称太平道，亦创立于东汉末年。太平道因东汉末黄巾军大起义的失败很快湮灭，而五斗米道则在长江流域不断发展壮大，最终形成规模宏大的道教。道教吸取中国母体文化的各种养料，形成了独具特色的道教文化体系。

> 道教认为，地处名山之中的洞天福地是神仙居住胜境，魅力无穷。为了宗教修行的需要，凡人道士们在洞天福地中建立起各式各样的宫观圣迹。由于长江流域是道教的发源地之一，长江流域的道教名山、祖庭、宫观胜迹如繁星点缀，灿若银河。

这些道教名山和宫观不仅是信徒们的朝觐胜地，也为我们今天留下了许多可供观瞻的道教文化旅游资源。长江孕育了道教，道教又为长江增辉。

长江流域道教宫观探源

道教宫观是道士和道教信徒隐居修炼、供奉祭祀神灵、举行宗教仪式活动的场所。伴随着道教的发展，道教宫观建筑也逐步形成为信仰宗旨服务的、反映道教思想特点的建筑风格。

（一）从静室到宫观

创教天师张陵在巴蜀创立道教（时称五斗米道）时，设有"二十四治所"。在治所里，天师、祭酒让信徒跪拜思过，饮符水治病，念经奉道。这种治所被称为"静室"、"靖"或"草屋"等，取其安静、摒除干扰之义。从其名称可以看出，治所的建筑和设置很简陋，用途单一。唐释明概在《决将傅奕废佛僧事表》中曾说到："五斗米道杀牛祭祀二十四所，置以土坛，戴以草屋，称二十四治。"

三国时期，江浙一带有与静室类似的被称为"精舍"、"庐"、"馆"的道室。《三国志》中载，琅邪道士于吉"往来吴会，立精舍，烧香读道书制作符水以治病"。居山修道者住在山洞中,在洞旁筑馆舍。如许翔就曾居方隅山洞园馆中,还有道士李宽的道室称为庐、道士杜明的道室称为治。

南朝很多崇道的皇帝纷纷延纳道士,为他们在都邑建修道的场所。如刘宋建崇虚馆、南齐建兴世馆、萧梁建朱阳馆等,有相当规模。

唐代,全国各地大建修道场所,奉祀老子。唐初仍以"观"统称道教的宗教场所,"宫"还是皇帝居处的专用名词。玄宗时,视太上老君为先祖,视道士为宗族,因而道教供奉老子的场所也沿用皇族所居的"宫"字了。道教"宫观"之称基本定型。此后,道教建筑规模较大者称"宫",规模较小者称"观"。

当时道教的宫观规模和工艺都达到了相当成熟的程度。唐玄宗曾下令免除茅山紫阳观附近200户百姓的租税,令其专管观中洒扫之事,可见道观规模不小。宋代,建起了大量宫观,宋太宗曾令全国遍修宫观,造像祭神。宋真宗敕建玉清昭应宫,工程夜以继日,7年乃成,共有殿宇2610余间,备极壮丽。也是从宋真宗时起,道教在宫观内普遍供奉神像。

> 唐宋时期,道教宫观的形式和格局深受儒、佛建筑的影响。各地宫观建筑虽不相同,但都是由供奉神仙的殿堂、斋醮祈禳的坛台、修炼诵经的静室、生活居住的房舍和供人游览憩息的园林建筑等部分组成。这种建筑格局和形式为后世道教宫观所承袭。

元明以后,全真道扩展到南方,因其主张出家清修,因而对宫观制度加以改革,仿照佛教禅院,建立了子孙庙和十方丛林系统。

> 所谓子孙庙,即道长去世后,由嗣法弟子接管,犹如家产的子孙继承。所谓十方丛林,不招收弟子,只为各小庙推荐来的弟子传戒。如武当山各宫观,就有丛林堂与子孙庙之分。

清末以来,道教江河日下,加之天灾人祸,很多精美的道教建筑遭到毁坏和废弃,对于研究道教宫观的沿革和中国古建筑都是重大的损失。

(二)独特的建筑风格

道教宫观建筑与佛教建筑及其他外来宗教建筑相比,世俗气息与人伦情调浓郁得多。

> 从建筑结构上看,宫观建筑以中国传统的木构架建筑为主,每座建筑以"间"为单位构成单座建筑,再以单座建筑组成庭院,进而以庭院为单元组成各种形式的建筑群,充分吸收了中国传统院落的风格。

但由于道教宫观的功能主要是供奉神灵、道士修炼、举办斋醮等仪式的场所,因此其形制和布局仿效天象,按五行八卦方位确定主要建筑位置,其风格和结构体现出道教的教义与哲理,颇具神秘色彩。

1. 天地阴阳、五行八卦的形制和布局

道教宫观建筑一般讲究天地阴阳、五行八卦的形制和布局。从总体布

「道教宫观建筑」

局看,道教宫观一般都坐北朝南,体现天南地北、乾南坤北的思想,以子午线为中轴,将道教尊神的殿堂建在中轴线上,前后递进,分二进、三进或四进院落。大型宫观还根据日东月西、坎离对称的原则,分左右两路建造供奉诸神的殿堂,中轴线两侧则是道士膳堂和房舍等一类附属建筑。如正一祖庭龙虎山上清宫,山门以内,正面是主殿,两旁是灵官殿、文昌殿,沿中轴线上设有规模大小不等的玉皇殿、三清殿、四御殿等。

> 按阴阳五行的说法,东方七宿(角、亢、氐、房、心、尾、箕)组成龙象,色青,称"青龙";西方七宿(奎、娄、胃、昴、毕、觜、参)组成虎象,色白,称"白虎";南方七宿(牛、鬼、柳、星、张、翼、轸)组成鸟形,色红,称"朱雀";北方七宿(斗、牛、女、虚、危、室、壁)龟蛇合体,色黑,称"玄武"。共四灵,合为四方四神二十八星宿。

道教以四灵二十八宿神为护卫神。由于二十八宿代表整个天宇，因此，用二十八宿的运动描摹天象周行不息的观念来建造宫观。如成都青羊宫三清殿，整个大殿共有36根大柱，其中木柱8根、石柱28根：木柱8根，代表着道教的八大护法大王；石柱28根，代表着天上的四灵二十八宿。整个建筑仿效天象，体现法天象地思想。

　　按八卦方位建筑的宫观也很多，有的甚至直接以八卦命名。如创教天师张陵分设的二十四治，其中分为上八治、中八治、下八治，就与八卦对应。龙虎山天师府的道教建筑大堂、灵芝园、留侯家庙、万法宗坛等都围绕着天师起居之地——三省堂，周边按八卦位一一对应排列。三省堂处在八卦布局的中心——太极上，天师居此，沟通人神，控制阴阳，指挥四象五行。

　　2. 顺应自然，回归自然

　　道教的宫观建筑还明显体现出道教崇尚自然、顺应自然、返朴归真这一基本思想。为便于修身养性，道教宫观大多建于幽静秀丽、被称为洞天福地的名山之中，巧妙地利用地形地貌，或依山傍水，或见水筑桥，或就洞修宫，或因高建殿，就地取材，灵活布局，构建出许多超凡脱俗、出神入化的道教建筑，形成一种以自然景观为主的道教园林艺术，刻意突出一种成仙或清修的意境。如武当山、青城山的道教建筑就是非常典型的因山就势而建的建筑，既保存了自然山水的壮伟秀丽，又突出了道教宫观的幽静神圣，体现了自然山水与道教建筑结合的风格。

　　道教认为，高耸入云的山顶离天庭最近，是天地交汇之处、神仙真人出没之所，那里最容易见到神仙，修炼成仙的机遇多一些，因此不少宫观被修在高山的顶峰。如武当山的金顶就是在山巅砌城，城上修金殿，高超的建筑技术令今人亦叹为观止。

　　道教还认为，远离尘世喧嚣的山洞，也是神仙真人修真养性的洞天福地，那里不仅幽深，利于静修，说不定还会受到神灵的启示，跻身仙班。因此许多宫观筑于洞内或洞旁，以洞名观。如青城

「金顶铜殿」

山的天师洞号称第五洞天，著名的古常道观就建在天师洞前；浙江楠溪江的陶公洞号称天下第十二福地，其文昌阁、广福灵真宫、胡公殿等就建在洞内。

就连建造在闹市中的道教宫观，为了更接近自然，也尽量在宫观内栽树种草，营造园林假山，展现热爱自然的情趣。如成都的青羊宫、武汉的长春观、苏州的玄妙观，就称得上是闹市中的洞天、人海中的丛林。

> 老子《道德经》指出："人法地，地法天，天法道，道法自然。"我国的道教建筑充分展示了这一思想。道法自然是我国道教建筑的一个突出特点，为当今的园林设计和世俗建筑提供了很好的借鉴。

此外，为了反映道教追求吉祥如意、长生不死及羽化登仙等观念，道教建筑还在殿堂楼阁的门窗、墙壁上，以壁画、浮雕等形式进行装饰。如描绘"鹤鹿松猴"，象征高官厚禄；描绘日月星云、山水岩石，寓意光明普照、坚固永生；描绘扇、鱼、水仙、蝙蝠、鹿，作为善、裕、仙、福、禄的象征；以松柏、灵芝、龟、鹤、竹、狮、麒麟、龙、凤等造型或图案，分别象征友情、长生、君子、辟邪和祥瑞等。有的干脆直接使用福、禄、寿、喜、吉、天、丰、乐等字作装饰图案，希求吉祥如意、福寿康宁、乐天超生、长生不老……这一切都使人感到平易、亲切，更接近现实生活。

长江流域宫观一览表

如上所述，道教宫观常坐落于山水胜处，钟天地之灵秀，见道教之神奇。历史上，长江流域的道教宫观比比皆是，"盈于山薮"。然而经过千余年的屡建屡废，延至近代，再经兵燹和人为破坏，留存至今者，仅为其中极少的一部分了。惟其甚少，弥显珍贵。它们不仅为我们今天研究古建筑营造艺术保存了难得的实物材料，而且用无声语言向人们直观形象地回答了"何谓道教"这个问题，起到了展示道教风貌的作用。清中后期长江流域道教宫观分布情况（时全国共有宫观数737处），可见表1。

表1　　　　　　　　清代长江流域道教宫观地理分布

省名	宫观数	省名	宫观数
江苏	45	湖南	54
安徽	25	四川	59
浙江	26	云南	21
江西	103	贵州	43
湖北	40	合计	416

（资料来源：张步天《中国历史文化地理》，湖南教育出版社1993年版，转引自吴必虎等《中国景观史》，上海人民出版社2004年版，第420页）

如今，长江流域声名显赫的道教宫观有：昆明太和宫和金殿、青城山古常道观、成都青羊宫、梓潼文昌宫、武当山宫观建筑群、武汉长春观、南岳衡山黄庭观、龙虎山天师府、南昌西山万寿宫、铅山葛仙祠、茅山九霄万福宫、苏州玄妙观、杭州抱朴道院、上海城隍庙，等等。

除此之外，各地还有一些小规模的宫观，也成为一方胜迹，见表2。

表2　　　　　　　　长江流域宫观一览表

省名	宫观
云南	昆明太和宫金殿、西山三清阁、巍山长春洞、玄珠观、腾冲云峰山道观、玄天观、盈江县青云寺、凤庆县东山宫、安宁市紫霄道观、保山玉皇阁、三清殿、昭通市大龙洞道观、临沧县三清宫，等等
四川	鹤鸣山迎仙阁、延祥观、青城山常道观、祖师殿、都江堰二王庙、八角庙、成都青羊宫、峨眉山飞来殿、梓潼文昌宫、彭县丹景山天师宫、审魂殿、新津老子庙道观、德阳大王庙、广元灵台山道观、洪雅五斗观、南充老君山道观、汶川黄龙洞、江油高观、西昌泸山道观、三台县台观、射洪金华山道观、蓬溪高峰山道观，等等
重庆	重庆市南岸区老君洞道观、北碚区绍龙观、巫山文峰观、合川二仙观、丰都报恩殿、二仙楼、九蟒殿，等等
贵州	贵阳东山仙人洞道观、贵阳文昌阁、桐梓虎峰山崇德观，等等

长江流域道教宫观概述

续表

省名	宫观
湖北	武汉长春观、武当山紫霄宫、南岩宫、黄陂木兰山道观、麻城五脑山道观、仙桃玄妙观、咸宁太乙观、宜昌石门洞道观、江陵金殿、通山九宫山道观、长阳中武当道观、黄梅关王庙、石首南岳山道观，等等
湖南	湘潭东岳庙、张家界紫霞观、茶陵南岳宫、长沙岳麓山云麓宫、岳阳吕仙观、大云山玄阳宫、衡阳市东岳观、衡山南岳大庙、南岳玄都观、三元宫、黄庭观、益阳城隍庙、芷江天后宫、桃源九龙观，等等
江西	赣州玉虚观、三清古观、南昌万寿宫、九江仙人洞道观、新建万寿宫、铅山葛仙祠、龙虎山天师府、上清宫、三清山三清宫、阁皂山大万寿崇真宫、萍乡纯阳观，等等
安徽	齐云山玄天太素宫、玉虚宫、涂山禹王宫、涡阳老子庙天静宫、芜湖一天门、凤台茅仙洞、宿松七祖宫、宿县太子庙梁储宫、金寨双河观、寿县帝母宫，等等
浙江	杭州抱朴道院、台州龙翔道观、黄岩太霄宫、温岭道源洞、玉环吕祖殿、天台山桐柏宫、温州紫霄宫、玉泉楼、乐清紫芝观、城隍庙、北斗洞、瓯海潘云观、永嘉天然观、瑞安镇海道院子、平阳南雁仙姑洞、东岳观、三台道院子、玄天道观、苍南瑞云道观、龙隐观、天真观、安龙观、清华池、凤池道观等、洞头紫云道观、金华黄大仙庙、温岭歧峰宫、湖州古梅花观，等等
江苏	句容茅山道院九霄宫、苏州玄妙观、城隍山道院、城隍庙、金坛茅山乾元观、如皋灵威观、宜兴洞灵观、南通城隍庙、常州白龙观、镇江润州道院、泰州观音庵，等等
上海	白云观、城隍庙、钦赐仰殿、圣堂庙、三元宫、朱家角城隍庙、钦公堂（龙王庙）、东岳道观，等等

这些道教宫观不仅是信徒们的朝觐胜地，而且本身就具有极高的旅游观赏和美术欣赏价值，具备了宗教文化与旅游资源的双重意义。其中的茅山道院、杭州抱朴道院、龙虎山天师府、武当山太和宫及紫霄宫、武昌长春观、青城山古常道观及祖师殿、成都青羊宫早在1982年就被列为道教全国重点宫观，占当时全国重点宫观总数（21个）的2/3左右；武当山紫霄宫和金殿、龙虎山天师府、苏州玄妙观的三清殿等已被列为全国重点文

物保护单位；其他的道教宫观基本上都被列为省级重点文物保护单位。

> 这些道教宫观或掩映在人迹罕至的青山绿水之间，或静卧于隔断尘嚣的闹市高墙内，构成旅游胜地、休憩佳处。道教宫观和奇绝秀美的道教名山自然风光往往是珠联璧合，深山藏古观，幽径通殿堂。

游客到此一游，不仅能欣赏祖国的大好风光，还能领略道教文化的丰富内涵。

下面择其声名显赫者略作介绍。

长江上游的道教宫观

长江上游的四川、云南、重庆等省市,既是道教的发源地,也是道教传播广泛的地区。如昆明的太和宫和金殿、青城山常道观、成都青羊宫、梓潼文昌宫等,如今既是道教活跃的场所,又是著名的旅游胜地。

"鸣凤胜境"——昆明太和宫和金殿

在昆明市东北郊约7公里处,有一座鸣凤山(又称鹦鹉山),这里松柏常青,鲜花常开,景色秀丽,太和宫和金殿就坐落其中。这是一座全国著名的道教宫观,享有"鸣凤胜境"的美称。

太和宫和金殿始建于明万历三十年(公元1602年)。据传,云南巡抚陈用宾崇信道教,一日梦见吕洞宾约他到鸣凤山麓见面。陈按吕的指点骑马而来,但见满山苍郁,气象非凡。来到迎仙桥,见一放羊老人用绳牵一白羊,旁边放着一口锅,锅上另盖着一口小锅,煮着热腾腾的山芋。陈毫不在意,继续向前驰去。两锅相迭不是"吕"字吗?绳子拴羊者莫非"紫阳"乎?老人必是吕祖无疑。等陈醒悟过来转回头看时,老人和羊都已不在。陈懊悔不已,于是命人仿照武当山太和宫和金殿的形制,建造太和宫、吕祖殿、三元宫,在太和宫的外围修建紫禁城,太和宫内用紫铜铸成真武殿,供奉真武大帝,以全真道士居之,侍奉香火。

明末,农民起义蜂起,统治云南的沐氏认为是矗立在鸣凤山的金殿坏了他们的风水,令云南巡抚张凤翔把它们移到大理鸡足山天柱峰去。清康熙十年(公元1671年),平西王吴三桂为求真武护佑,请工选匠,投入大量财力、物力,在鸣凤山重铸金殿,这就是今天的金殿。太和宫和金殿几次遭兵火损毁,因修葺及时得以保持原来风貌。

太和宫外建有三天门,寓意道教三清天。从山脚"吕祖碑"(陈用宾遇吕祖处建有一通高约一丈余的石碑)处登山,跨越72级台阶便达"一天门";又上36级台阶,到"二天门",这108级台阶暗喻通往仙境的路上有满天星斗回护。再拾级而上几百米便抵"三天门",此时,金碧辉煌、祥云缭绕的太和宫便呈现在眼前。

太和宫由棂星门、金殿、钟楼、雷神殿

「太和宫」

等组成。

穿过棂星门往上,便见苍松古柏丛中屹立着紫铜铸造的金殿。

> 金殿,又名铜瓦寺,是太和宫的中心建筑,呈正方形,殿高6.7米,宽深各7.8米,面阔三间,仿重檐歇山式的斗拱、梁柱、藻井和外檐等,皆为仿木结构,造型美观。除下层殿基用晶莹洁白的大理石镶砌外,整座金殿和殿内神像、神坛、香炉、经幢、匾额、楹联等,全用紫铜铸成,总重约250吨,是我国最大、最重的铜殿。因系紫铜铸造,熠熠生辉,光芒四射,故名"金殿",是我国全国重点文物保护单位。

金殿用16根铜柱支撑,四角铜柱上端外为镂空图案,中空,内藏能够旋转的八卦铜球。殿正面有10扇铜门,上有用镂空及浮雕手法刻铸的彩云、金凤、飞龙、星斗等图案。殿外后壁和左右两侧壁上,布满"寿"字浮雕和半圆,象征"万寿无疆"。殿内正中供奉真武大帝坐像,丰姿魁伟,宝相庄严,有金童玉女侍奉左右。持剑肃立两旁的水火二将,形象威武。真武大帝在道教中是镇守北方的大神,云南虽地处边陲,但宫观建筑仿效武当,足见受内地道教影响之深。殿内顶板有八角藻井,以4根坚实铜柱支撑。铜柱上盘绕的4条金龙张牙舞爪,威风无比。

金殿门外有一对小铜亭,供奉龟蛇二将。金殿平台前竖立着1869年监造的一面日月七星铜旗。旗杆高三丈,旗周边镶二十八宿,中间有北斗七星,镂空刻"天下太平"四个大字,狼牙型图案封边,旗飘带上刻有"风调雨顺,国泰民安"八字。

金殿是我国现存最大最完整的纯铜铸殿,比武当山的金殿规模大,也比北京颐和园万寿山的金殿保存完整。如今,历经数百年风风雨雨的金殿,为研究明清以来云南省的清代木结构建筑的造型

「金殿」

及装饰，特别是云南省的冶金铸造技术，提供了重要的实物资料。

太和宫的钟楼内悬挂着一口明永乐二十一年（公元1423年）铸造的大铜钟，重达14吨，是昆明现存最大的铜钟。钟声洪亮，能传至40公里以外。

太和宫的雷神殿现被辟为陈列室，其中珍藏着一把七星宝剑，据说这是真武大帝伏魔制怪的武器。此外，还陈列着一把平西王吴三桂用过的铜制大刀。

道教素有"仁及草木"、"德被群生"的说法。几百年来，宫内道士遍植花卉树木，至今金殿后还保存有一株明代种植的山茶花，粗逾合抱，枝过殿顶，春日，千万朵茶花竞放，艳色弥天，使金殿备增仙姿。

边陲仙境——云南巍宝山宫观

巍宝山，又称巍山，地处云南省大理白族自治州巍山彝族回族自治县城东南约10公里处，是我国彝族地区的一座道教名山。

史载，道教约在东汉末传入这一地区。当时，张陵为了管束、统领教民，将辖区分为二十四治。其中"蒙秦治"的管辖范围，就包括巍宝山在内的金沙江南岸彝族、白族等少数民族生活的广大地区。又有资料称，有号为"神明大士"的杨波远道士，骑三角青牛出入山间。唐代，道教进入鼎盛发展时期，巍山道教由此大兴，备受统治云南的南诏王族崇奉。

南诏王族为什么会如此崇奉道教呢？这得从南诏的创始神话说起。

唐代初期，有六诏(诏即"王"意)统治云南少数民族地区。蒙舍诏在最南，人称南诏。唐玄宗时蒙舍诏皮罗阁统一六诏，建立了地方王朝。唐贞元十年(公元794年)正式建号南诏。据巍山青霞观内的《重修巍山青霞观碑记》云："按唐贞观时，九隆少子细奴罗自哀牢避难蒙舍，娶妇曰蒙炊，耕于山麓。妇往馌，遇美髯老人，戴赤莲冠，被鹤氅，坐石上，伺二童，一捧方镜，一扶铁杖。侧立青牛、白马。向妇索食，敬享之。再炊而往，索又享之，如是者三。细奴罗怪其钝，妇告故，因同谒盘石下。老人谓曰：'汝家富贵，子孙相承，有如此数。'遂冉冉腾云而上，其为显化明矣。"

「巍宝山宫观」

那位美髯老人，就是太上老君。因此，蒙舍家族世世代代信奉道教，并将巍山看作是家族的发祥地，在山上建老君殿以祀老子。

唐代南诏时期，著名道士杜光庭到大理、巍宝山一带传教，并书有《南诏德化碑》，深受南诏王族礼遇。传说吕洞宾也曾到过巍宝山，至今云南民间仍流传着吕洞宾在巍宝山传教的种种传奇故事。

元、明、清时期，巍山道教仍十分活跃。据《云南通志》卷二五载，这一时期相继有众多道士入居巍宝山修道传真，如著名道士王曼、何太和、冯应魁等皆隐巍宝山，探玄授道。

> 从明代起，巍宝山道教宫观庙宇如雨后春笋，大量出现。保存至今者仍有老君殿、巡山殿、长春洞、培鹤楼、准提阁、文昌宫、主君阁、斗姆阁、三皇殿、财神殿、玉皇阁、元极宫等20余座。各个宫观的殿堂文物和宗教活动各具特色。

老君殿又名青微观、青霞观，坐落于古松环绕的前山坡上，是巍山历史最悠久的道观之一。观中所立《重修巍山青霞碑记》云，此处就是太上老君点化南诏始祖细奴罗处。全殿分三层，巧借山势，层层相接。殿门高悬"大赤天宫"巨匾，殿内供太上老君像，左有葛天师、右有张天师侍立。老君殿后有一块大青石，人称"老君打坐石"。

巡山殿又名土主庙，是巍山的主殿，位于巍山腹部，相传南诏始祖细奴罗曾在此间躬耕，太上老君封其为巡山王而得名。殿内供奉着细奴罗的塑像，像高3米，头上戴着金冠，身着九龙

「巍宝山巡山殿」

绣袍腰系玉带，脚穿云鞋，展现出当年南诏王的风采和气度。当地的彝族同胞每年都要到巡山殿举行两次盛大的祭祖活动，第一次是在农历正月十四，第二次是在农历九月十四，杀猪宰羊，踏歌载舞，通宵达旦。

长春洞，藏于巍宝山西麓的古林之中，是巍宝山道教重要宫观之一。雕梁画栋，飞檐斗拱，因山就势，总体布局呈一规整的八卦图案，建筑式样别具一格，由前殿、正殿、两厢和花园组成。该观以精美的道教壁画和雕刻饮誉于世。正殿大门和天花板上有50幅反映道教神仙活动的精美道教壁画和雕刻，如《群仙会宴图》、《四帝君图》、《三皇图》、《九龙图》等，造型生动，线条流畅。殿内中心八角藻井内有一幅空心八卦图，图中雕有一条金龙，张牙舞爪，气势非凡。长春洞称得上一座道教艺术宝库，向世人展示着丰富的道教文化内涵。

「巍宝山玉皇阁」

玉皇阁，巍山有多座玉皇阁，而以巍山前山坡灵官殿后面的玉皇阁规模最大、历史最悠久。阁中有四帅殿、玉皇殿、三官殿、天师殿、吕祖殿、依云阁等建筑，供奉的道教神像多而集中，展现了巍宝山道教神仙系统宏大的场面。在四帅殿的正殿天花板上有一幅用黑白二色绘制的《水火匡廓图》，此图乃道教特有的金丹修炼药方示意图。殿中高悬此图，意在昭示道士必须苦心修炼。每年农历二月初一至十五的巍山传统庙会——"朝山会"期间，由各地艺人组成的独特的道教组织"洞经会"来此隆重聚会，演奏"洞经音乐"，场面壮观，科仪复杂，声势浩大，气氛庄严肃穆。

文昌宫，坐落于巍山前绿树葱茏的山坡上。宫内大殿与二殿之间有一池明彻见底的清泉，名"龙潭"，过去，当地群众在这里祭祀龙王，因此，此宫又名龙潭殿。

> 相传，三国时云南彝族大首领孟获之兄孟优在此修炼。诸葛亮率兵南征时，士兵误饮哑泉之水，个个成了哑巴。诸葛亮亲往山中拜访道士孟优，孟优以"仙草"治愈了军中哑症。明代改为"文昌宫"。

文昌宫由关圣殿、金甲殿、文昌殿等组成。宫内文龙亭亭墩右侧壁上有一幅叫做《踏歌图》的壁画，弥足珍贵，具有地方民族特色。画面表现的是：40人踏地而歌，34人围成圆圈携手起舞；圈内3人起舞，吹奏笙笛，是舞场的中心；圈外亦有3人，吹弹扬扇，似在助兴。图中舞蹈者多为彝装打扮，男的多穿长衫，罩领褂，女的着坎肩，系黑围腰。整幅画动感强烈，较真切地再现了200年前巍山彝族同胞踏歌习俗的场面，为我们今天研究彝族的歌舞、服饰提供了珍贵的文物资料。

众多的宫观庙宇成为巍山道教文化特有的载体。长期以来，道士们以宫观为依托，结合当地风土民情，开展多层次、多样式的宗教活动，使巍山仙名远扬。

道教祖庭——四川鹤鸣山宫观

鹤鸣山，位于四川成都西部大邑县城西北12公里的鹤鸣乡三丰村，属岷山山脉，海拔1000余米，北依青城山（约30公里），南邻峨眉山（约120公里），西接雾中山（约10里），足抵川西平原，距成都约70公里。

鹤鸣山宫观何以成为道教祖庭呢？既有传说，也有史料记载为证。

> 鹤鸣山溪深岭秀，林木繁茂，整座山势三面环水，双涧合流，自青城迤逦而来，起伏升降，形似展翅欲飞的玄鹤，又因山藏石鹤、山栖仙鹤而得名。传说黄帝的老师广成子因留恋这只仙鹤而在此山修炼成仙；秦代的马成子，也在此山中修炼20年而成仙。

于是这仙山福地就成了张陵访仙求真的处所。

张陵，字辅汉，沛国丰（今江苏丰县）人，道教创始人。道教徒称之为"张道陵"或尊称为"天师"。张陵学识渊博，曾隐居修道于洛阳北面的邙山、江西的龙虎山等。后来，张陵想起蜀人厚道纯实，易于教化，且蜀中有许多神仙高真聚会的名山险谷，于是以近百岁的高龄，翻山越岭，千里跋涉，绕道江淮，渡过洛水，沿着令人心悸的栈道，来到号称"天府"

「鹤鸣山」

的蜀地，停留在蜀郡临邛县境内的鹤鸣山，开始了常人所不为的事业。《后汉书·刘焉传》等史书也说，顺帝时（公元126—144年），张陵入蜀，学道鹤鸣山中，造作符书，立五斗米道。

鹤鸣山虽秀美奇绝，但树木繁茂，难见天日；山中枯草败叶堆积腐烂，蚊虫肆虐，瘴气弥漫，民众百病丛生。在这里居住的氐、羌，以山丘为单位，自发组成大小不等的集团即丘社，他们为天灾和病患而忧虑，将满腔希望寄托在各个丘社供奉的"鬼神"身上。

张陵初来此地，正值酷暑，又热又累，不久便染上了山区的常见病——疟疾。他用自制的汤药服疗，但五六天过去了，不见好转，反而有加重之势。不得已，他来到氐、羌的丘社，请求治疗。社中的巫师为他请神送鬼，他把一碗青蒿水喝下后，病居然好了。张陵亲身体验到巫师治病的法力，于是皈依了氐羌的丘社，向他们恭恭敬敬地学习中草药的采集和配制，请教辨别瘴气、疾病和鬼怪的办法。由于勤奋，更由于他的博学，他的巫术比当地巫师还要高，于是声名大振。蜀中有一个既精通黄老又擅长天文的人前来拜他为师，此人就是张陵的第一个大弟子——王长。

张陵带着弟子王长，在鹤鸣山中炼丹，精修道法。《云笈七签》载，他在总结了"开天辟地以来前后贤圣之文，河图洛书神文之属"以后，结合当地巫术，用通俗易懂的语言，著成道书二十四卷。

张陵如何把自己的思想宣传出去呢？他想到了蜀人十分崇信的"太上老君"，决定让太上老君来代言。他自称在顺帝汉安元年（公元142年）正月十五的夜晚，恍恍惚惚，看见了千乘万骑，金车羽盖，数不胜数，其中有一神人太上老君降临鹤鸣山，授予他《新出正一盟威之道》，正式任命他为天师，并赐雌雄二剑和一枚都功印等物，让他替天行道，征服蜀中鬼神，普救世上百姓。

张陵于是按照太上老君的旨意，对蜀中鬼神进行扫荡。接着，张陵与弟子、民众一道，在蜀中打井造林，开山修路，发展各业生产，改善民众生活。特别是他用自己摸索出的医道、气功等医术，利用符水、咒语和教人思过的办法，为百姓治疗顽疾，抗御瘟疫，据说有奇效，而且不收分文，由此深受蜀民拥护，数万户百姓纷纷加入"正一盟威之道"。大家都叫他张天师，把他所创宗教称为"天师道"，又称"五斗米道"。之后，张陵把入道的民众组织起来，以鹤鸣山为中心，把天师道控制的地区划分为二十四个教区，即二十四治。桓帝永寿二年（公元156年），张陵在鹤鸣山仙逝。鹤鸣山既是五斗米道的早期传教点，也是二十四治中的第三治鹤鸣神山太上治，因此，历来都把鹤鸣山看作是道教的发源地，把鹤鸣山称为"道国仙都"、"道教祖庭"。

> 鹤鸣山天谷洞曾发掘出一通古碑，碑的质材为钟乳石，表面呈蜂窝状，硬度极强。古碑高约1米，宽约0.6米，厚约0.2米。碑的右边镌刻"盟威之道"四字，正中刻有"正一"两个大字，左下方镌刻"张辅汉"三个略小一点的字。

据四川省社科院道教研究专家李远国教授分析，"正一"、"盟威"等碑刻与史书记载中国道教初创时正式名称为"正一盟威之道"相符，碑的下部所刻"张辅汉"三字，即是道教创始人张陵的姓和字。由此，李教授认为，它是中国道教史上发掘历史年代最早的古碑，为"中国道教发源地就在四川大邑鹤鸣山"提供了有力的物证。

> 鹤鸣山自成为道教的发源地后，历史上许多著名的道士，如五代的杜光庭、北宋的陈抟、明代的张三丰等，都曾在此修炼，留下不少遗迹和诗文传世。鹤鸣山奇丽的自然景观和道教胜迹，也吸引着不少文人名流。著名的宋代诗人陆游、文同等，都曾游览此山，咏题抒怀。一些皇帝也曾到鹤鸣山祭祖，如明成祖朱棣曾亲手书写御旨交给龙虎山道士吴伯理让他到鹤鸣山迎请仙道张三丰，后来吴伯理在鹤鸣山的山麓处修建了迎仙阁；明代嘉靖皇帝御定鹤鸣山为举行全国性祈天永命大醮的五大醮坛之一。

鹤鸣山上，历代所建的宫观甚多，相传东汉时就有紫阳、太清、天师等宫观建筑，经历千百年的沧桑，屡毁屡兴。明代嘉靖年间，官方大兴道教，在原有建筑的基础上，增修或扩建了不少的宫观殿宇、楼台亭阁及优美的园林，鹤鸣山成为盛极一时的、规模至为庞大的道教胜地。虽然经历了明代末年兵火的焚劫，大部分建筑都已毁坏，但到20世纪60年代，仍然有太清宫、文昌宫、解元亭、三宫庙、八卦亭等为数甚多的建筑。文化大革命中，汉唐和宋代重建的宫、观、殿、宇、亭、台、楼、阁等俱被毁，惟明清两朝的建筑和一些古迹尚存，供游人登临凭吊。经过各方努力，鹤鸣山道观1985年被成都市政府批准为重点文物保护单位，1987年又被批准为道教开放点，并由当地政府拨款和海内外信众捐助修复了紫阳、斗姥二殿，新建了迎仙阁、延祥观、三圣宫、天师殿等。

迎仙阁为鹤鸣山道观的山门，迎仙阁两边联题有："人桥同此心四面顾瞻一山鹤，草木并深意八方遮护双涧鳞"。迎仙阁为三重阁楼，三楼供奉太上老君，二楼供奉灵主，一楼供奉青龙、白虎。据说迎仙阁的修建颇有来历：明洪武二十五年（公元1393年），张三丰因慕张道陵的仙绩，前来鹤鸣山天谷洞炼丹修行。永乐五年（公元1408年），明成祖朱棣听闻张三丰在蜀地的鹤鸣山修道，即遣派礼部尚书胡濙前来鹤鸣山迎请。张三丰避而不见。无奈之下胡濙只好苦苦守候，直至后来埋骨鹤鸣山中。朱棣并未灰心，数年后的一个初春，朱棣亲手书写了一道御旨交给龙虎山道士吴伯理，让他继续前往蜀中迎请张三丰。然而，吴伯理也未见其踪影，只好在鹤鸣山的山麓处修建了一座迎仙阁，以期相遇。

迎仙阁后是延祥观。从延祥观拾级而上，可见两旁古木参天，碑刻林立，这里有道教祖庭碑、鹤鸣仙踪碑、三国志张鲁传碑、华阳国志汉中志碑、汉张陵画像碑、八仙画像碑、观音画像碑等。一些海内外信众与道教学者也在此立碑，如有1998年日本海外学术研究团登访大邑鹤鸣山之碑等。

三圣宫高18米，上下二层，飞檐斗拱，立柱回廊，琉璃艳彩，显得十分

「鹤鸣山道观三圣宫」

富丽堂皇。殿内供奉道祖太上老君道德天尊、纯阳帝君吕洞宾、太极祖师张三丰。殿外有据说是张三丰手植的古柏一棵,树围3米多长,有近千年的树龄。

三圣宫后约100米为天师殿,天师殿正中匾题"道正则兴"。殿内供奉祖天师张道陵像,天师跏趺坐,身穿绘有阴阳图的法服,头披红色道巾,左手持阳平治都公印,右手结诀。两边墙壁上悬挂张道陵从降生道修道、得道及驾鹤升仙画图。

> 鹤鸣山松柏成林,苍翠欲滴,山涧溪流,泠然有声。风景名胜亦多奇观。著名的鹤鸣石位于文昌宫中,其石状如飞鹤。据明罗洪先《广舆图》说:"鹤鸣山岩穴中有古鹤,鸣则仙人去。昔广成子修炼于此,石鹤一鸣;汉张道陵登仙于兹,石鹤再鸣;明张三丰得道于斯,石鹤又鸣。"又有钟乳石溶洞,历来为人称道。明代曹学佺《蜀中名胜记》说:"山有二十四洞,应二十四气(五日为一候,三候为一气)。洞口约阔三尺,深不可测。每过一气,则一洞窍开,余皆不见。"

如今,鹤鸣山作为道教祖庭已引起各方人士的极大关注。曾任中国道教协会副会长的付元天,于1987年端午节在鹤鸣山迎仙阁竖"汉天师道发源地"一碑。中国道教协会于2006年8月15日、2008年4月14日在鹤鸣山举行了道教界人士大聚会,中国道教协会会长任法融、张道陵第六十五代孙张继禹等一大批国内外道教界人士,均到这里寻根问祖。如今成都恩威集团和大邑县政府共同在鹤鸣山开发"道源圣城",它是一个集道教朝圣、文化旅游、主题娱乐、养生康疗、休闲度假、体育运动、高端地产为一体的超大型旅游项目。道源圣城的建设依据八卦九宫之法,采用趋吉避凶的原则,以道法自然、天人合一、关爱生命、和谐共生的思想为主旨,塑造现代宫

「道源圣城山门」

观建筑的典范，使鹤鸣山成为全球道教信众的朝圣地。

天师道所——青城山常道观

2000年，青城山与都江堰一道被列为世界文化遗产。青城山位于富饶的成都平原西侧，都江堰市西南约15公里的邛崃山脉南段，头接鹤鸣山，尾连峨眉山，四周诸峰环绕，拱如城郭，故有"青城"之名。

> 传说东汉时，创教天师张陵领着弟子，带着法器，来到青城，在山中布阵，与盘踞此地的"六天魔王"、"五部鬼帅"决战。天师剑劈巨石，笔掷山崖，降服群魔，扫荡鬼城鬼市，从此，青城山云消日丽，成了神仙聚会、高道修真的"宝仙九室第五洞天"，是中国道教的重要发祥地之一。

「青城山山门」

魏晋时，山中宫观渐起。现存宫观殿宇建于清末，规模宏伟，有建福宫、常道观、祖师殿、上清宫、玉清宫等。其中，常道观是青城山宫观中最壮丽、胜迹最繁复的道所。

常道观位于青城山海拔约1000米的混元顶下缓坡平台上，相传东汉末期，张陵曾在这里修行炼道，是天师道所，习惯上又称天师洞。隋大业年间（公元605—617年），有人在天师洞岩壁内雕刻张天师像，并在此始建道观，名延庆观。唐代遵老子"道可道非常道"之旨，改名为常道观。宋代又名昭庆观，或称黄帝祠。后世沿用常道观之名，别称古常道观。

常道观现存建筑系清初重建，1920—1923年住持彭椿仙修缮改建，自1980年来青城山道教协会陆续加以维修。常道观由青龙殿、灵官殿、三清殿、三皇殿、黄帝祠、天师洞及连接这些殿宇的楼阁廊庑组成，是一座布局谨严的宏大建筑群，加上山门石级陡峻、洞府幽深，更显雄浑壮观。

常道观的前沿山门名"五洞天门"（因青城山被道教称为第五洞天而得名），入"五洞天门"，沿弯曲小道向前，经翼然亭、集仙桥、"云水山光"小殿，古常道观壮丽的山门便映入眼帘。穿越长长的石梯，即达古常道观的正门。这座山门依山就势，骑跨在高高的陡坎上。山门正上方有"古常道观"四个金字横额。山门两边挂有一副贴金对联："胜地冠两川，放眼岷峨千派绕；大名尊五岳，惊心风雨百灵朝"。山门中间悬一匾额书"第五名山"。山门石台下有青龙殿和白虎殿分列两旁，两殿间小坪里有三株高大的柳杉。

「常道观」

古常道观的正门和灵官殿是一个整体，进入正门就是灵官殿。内中供奉的王灵官，赤面三目，锯齿獠牙，虬须怒张，身披铠甲，手执单鞭，森严可畏。

据《明史·礼志》记载，王灵官本名王善，是宋徽宗时人，曾跟随著名道士林灵素的弟子萨守坚学符法。后来王善得道成仙，天庭封他一个三五火车雷公的头衔，提拔为豁落灵官，从此成了道教护法监坛、镇守山门之神，同时还负责天上、人间的纠察任务。

「常道观三清大殿」

穿过威武气派的灵官殿，沿着穿殿而过的一条笔直的石阶向前，即可直达古常道观的主体建筑——三清大殿。三清大殿为重檐歇山顶楼阁式建筑，面积有2600多平方米，殿面宽5间。殿前铺设有9级通廊石阶。前檐排列的6根大石圆柱都立在精雕的怪兽背上。殿前高悬匾联甚多，其中有一联最能体现道教"师万物，法自然"的思想，其文为:"一生二,二生三,三生万物;人法天,天法道,道法自然"。三清殿正中还悬有康熙皇帝御书"丹台碧洞"匾额。殿内供奉玉清元始天尊、上清灵宝天尊、太清道德天尊即三清尊神像,彩塑的神像庄严慈祥。长期以来,三清殿就是青城山道教的主要活动场所。每逢朔望,殿内钟鼓齐鸣,香烟缥缈、幡幢掩映,一派肃穆、神圣的气氛,一些善男信女络绎不绝地来此敬香还愿。

黄帝祠在三清大殿后,有石梯可达,殿宇重檐回廊,祠宇宽敞。祠内供奉着轩辕黄帝金身像。正门横额是于右任手书的"古黄帝祠"四个金字。正门两边对联亦为于右任手书:"启草昧而兴有四百兆儿孙飞腾世界,问龙蹻何道是五千年文化翊卫神州"。殿左还有冯玉祥撰写的《轩辕黄帝之碑》。殿右供有药王孙思邈骑虎像,有"六时泉"和"道在养生"两石碑。黄帝祠初建于隋代,是常道观最早的殿宇,为纪念黄帝曾在青城山向仙人宁封子学"龙蹻飞行之道"而建。

> 黄帝祠左侧有一洞,相传乃张陵修炼之所,亦即天师洞所在。洞内有一石龛,龛内的隋代石刻张陵天师像面有三目,凝视远方。其左手掌向外直伸,掌上刻有天师镇山之宝——"阳平治都功印"方印文。洞外上石梯处还立有第三十代天师张继先的塑像。龙虎山历代天师被选定后,都要到此朝拜。

出黄帝祠后院,有一清代木结构的"龙蹻仙踪坊",在该坊的右边矗立着古常道观的另一座主要殿堂——三皇殿,因供奉石雕伏羲、神农、黄帝三皇造像而得名。这三尊石雕像为开元十一年(公元723年)雕造,是唐代造像精品。造像各高约1米,伏羲、神农须发卷曲,身穿用树叶缝制的披肩、围裙,伏羲手抱一八卦太极图,神农手握一枝草药。黄帝像则头戴冠冕,身穿帝服,长髯,目光平视,一手扶膝,一手握腰带,坐于石座

「青城山景色」

上，神态端庄，气宇轩昂，俨然一副后世帝王的形象。在三皇殿内，还保存着著名的石刻唐玄宗手诏碑。

青城山树木葱茏青翠，常道观内古树奇木众多。其中有传为张陵手植、现高约50余米的古银杏树，有唐以前种植的罕见的歧棕，还有宋以前栽种的九株松，平添青城幽境和仙意。

老君传道圣地——成都青羊宫

青羊宫位于四川省成都市通惠门外百花潭北岸。传说这里是太上老君降生、传道的地方。

西汉扬雄作《蜀王本纪》说："老子为关令尹喜著《道德经》，临别曰：'子行道千日后，于成都青羊肆寻吾。'今为青羊观。"

> 由此产生了这样一个神话传说：尹喜恭送老子西出函谷关后，潜心修道，时隔三年，道行千日之后，如约来到成都，可转来转去就是找不到青羊肆。正在左右徘徊之际，忽然看见一童子牵着一只青羊走过来。原来老子在升天之后，又从太微宫分身，降生到蜀国一户大官李氏之家。在老子降生之前，已命青牛化生为羊，常伴在所生婴儿之旁。尹喜识破天机，跟随牵羊童子到李氏之家去见婴儿，果然不出所料，这个婴儿正是老子的化身。老子为尹喜传道法，受玉册金文，封之为无上真人。

根据这一神话传说，人们在成都建起了青羊观。

青羊观始建于何时，已难以考证。到了唐代，青羊观的规模已相当大了。唐玄宗幸蜀，还曾将此观作为行宫。那时杜甫在草堂，亲见雨映行宫，即景赋诗《中丞严公雨中垂寄见忆绝奉答二绝》。中和元年（公元881年），

「青羊宫」

农民起义军占领长安,唐僖宗仓皇逃往成都,也曾在观中驻跸。据说其间在观内地下掘得宝砖一块,上面刻着古篆文六个字:"太上平中和灾"。后来唐僖宗返回长安,感念太上老君的恩典,上诏将青羊观扩建,敕改名青羊宫。唐乐朋龟《西川青羊宫碑记》说:"冈阜崔嵬,楼台显敞,齐东溟圆峤之殿,抗西极化人之宫。牵剑阁之灵威,尽归行在;簇峨眉之秀气,半入都城。烟粘碧坛,风引清馨。"唐末,青羊宫已成为四川最大的道观了。

> 明代,青羊宫已屡经修葺扩建,殿宇更加雄伟宏丽,计有青羊、三清、五凤、万寿等殿,紫金、八卦、降生、说法等台,真武、纯阳、三官等堂,以及山门、左右庑、垣墉等建筑。明崇祯(公元1628—1644年)末,青羊宫悉毁于兵火。现存殿堂楼阁系清康熙、乾隆、同治、光绪年间先后重建,主要有:灵祖殿、混元殿、八卦亭、三清殿、斗姥殿、皇楼殿、唐王殿、三官殿、降生台、说法台等。

灵祖殿重建于光绪年间,面阔5间,分上下两层,下层供关圣帝君、神农、文昌帝君、轩辕黄帝等神像,上层供奉王灵官神像。

混元殿也重建于光绪年间,祀混元道祖。

八卦亭系清同治至光绪年间重建,是青羊宫中颇具特色的建筑,也是现存古建筑中别具风格的亭子之一。它位于混元殿后,是一座十分精巧的石柱木亭,其整体形制和雕刻装饰都体现了道教的传说和玄机。此亭分上下两层,下为四方形,上为八角形,而亭身则呈圆形,突出了我国古代"天圆地方"的传统观点。八根圆柱、八角重檐,皆雕飞龙,大小共81条,象征老子八十一化,并雕有六十四卦。亭中供奉一尊老子骑青牛过函谷关的塑像,坐北朝南,牛头向西眺望。八根镂雕的滚龙石圆柱,刻技精湛,是难得的艺术珍品。

过八卦亭往北,就是青羊宫的主

「八卦亭」

殿——三清殿。三清殿又名无极殿，重建于清康熙八年（公元1669年），光绪元年（公元1875年）再次重修。面阔、进深5间，总面积约1600平方米。内供三清贴金塑像，左右两侧供奉十二金仙塑像（太乙、广成、巨留孙、玉鼎、燃灯、准堤、接引、普贤、文殊、慈航、黄龙、赤精）。殿后正中还供有太乙救苦天尊像，其左右分别祀有钟离、吕洞宾，而在吕洞宾塑像之左还有一塑像，即康熙年间主持青羊宫、负责重建殿堂的开山真人汪一萃。

> 三清殿的建筑形制法天象地。大殿有三十六根大柱，其中八根木柱，二十八根石柱。八根木柱，代表着道教的八大护法大王；二十八根石柱，代表着天上的四灵二十八宿。古代以二十八宿代表整个天宇，以二十八宿的运动描摹天象的周行不息。所以整个建筑表现了法天象地思想。

三清殿中的香案前有铜铸青羊两只，最能代表青羊宫的特色。两只青羊各长90厘米、高60厘米。一只为单角铜羊，造型奇异，融十二生肖特征于一身，即鼠耳、牛身、虎爪、兔背、龙角、蛇尾、马嘴、羊须、猴头、鸡眼、狗肚、猪臀，可谓海内无双。单角羊座下有铭文曰："雍正元年九月十五日自京师移于成都青羊宫，以补老子遗迹。信阳子题。"原来这是清代大学士蜀人张鹏翮于雍正元年（公元1723年）从北京古董市场购得，专门赠送给青羊宫的。另一支为双角铜羊，系清道光九年（公元1829年）云南工匠所铸造。

斗姥殿建于明代，内中供奉斗姥塑像。殿左右有用土石堆砌的两座高台。一为降生台，台上有太上老母像和老子降生像，寓意老子投胎转世的神话传说；一为说法台，祀太上老君，表现老子传道说法的情景。

皇楼殿是一座两层楼的小殿，上层供奉玉皇大帝塑像，下层供奉真武祖师塑像。唐王殿也称紫金台，是一座三层楼的建筑，内中供有唐王李渊夫妇像及老子骑牛塑像。三宫殿内供奉的是三官大帝（天官赐福大帝、地官赦罪大帝、水官解厄大帝）。道教认为，只要向三官祷告，就可以祛病消灾，添福增寿。

青羊宫现存殿宇格局仍很壮观，如今成都市道教协会也设在这里。原藏于毗邻的三仙庵中的道教第二大丛书《重刊道藏辑要》13000余块经板，解放后悉数移入青羊宫保存。这批经板用梨木双面雕刻，字迹清晰，系清光绪三十二年（公元1906年）所刻，是一件极其珍贵的道教文物。

文昌故里——梓潼文昌宫

文昌宫是供奉文昌帝君的庙宇，文昌帝君相传是我国古代掌管读书人功名前程的守护神。因此，全国各地几乎都建有文昌宫或文昌庙加以奉祀。为何将四川梓潼七曲山的文昌宫称为文昌故里、文昌帝君的祖庙呢？其中有这么一番缘由。

> 据《史记·天官书》载，北斗之上有六星，名"文昌宫"，掌管人间的功名利禄、吉凶祸福。文人学士对它敬奉有加，认为文昌星神能保佑学业精进、诗文佳妙、科举高中。

而在四川梓潼县一带供奉着一位地方保护神——梓潼神。传说梓潼神姓张名亚子，本为晋人，极孝顺母亲，后来成为一名将军，不幸战死，梓潼百姓为之在七曲山立庙祭祀。安史之乱时，唐玄宗逃到四川，据说梓潼神还曾去成都迎驾，玄宗封之为左丞相。后来唐僖宗避乱逃奔成都，传说又得梓潼神佑助，僖宗加封他为济顺王。至北宋真宗时，相传梓潼神曾协助朝廷平叛息乱，加封他为"英显武烈王"。由是，四川梓潼神的地位逐渐提高。宋代大兴科举，就连一些士人也前去求他保佑，从蜀中出来赶考功名的读书人路过梓潼庙，都要去烧香求神，据说颇为灵验。士大夫由此经过，若有风雨相送，将来必至宰相。相传王安石幼年经过此庙时，风雨大作，后来果然成为宰相。凡此"应验"之事，哄传开来，人们便说梓潼神也如文昌神一样能预知士人的科举命运。于是，全国各地纷纷建起了梓潼庙，享受士人的香火。广纳诸神的道教不失时机地将文昌神和梓潼神吸收到自己的神谱中来，造一些经书来宣扬梓潼神的神迹，如宋、元道士假借梓潼的名义作一文名《清河内传》，其中称梓潼君本是天上星宿，周朝初年降生人间，经73代显化，至西晋时为张亚子，至元代时已是97次转世，还说玉皇大帝命他掌管文昌府事及人间禄籍。护道的元仁宗加封梓潼神为"辅元开化文昌司禄宏仁帝君"，简称"文昌帝君"。从此，文昌神与梓潼神合二为一了。文昌帝君红极一时，随处可见供奉文昌帝君的文昌宫、文昌庙，香火特旺。人们将梓潼神老家的梓潼庙当作是文昌帝君的故里，以及各地文昌宫的祖庙。

梓潼文昌宫，当地又称为大庙，位于梓潼城北10公里的七曲山上，山上翠柏苍松，幽静雅致。文昌宫占地12万平方米，今存殿堂楼阁23座，主要的建筑有元代所建的桂香殿、盘陀殿，明代所建的天尊殿、关圣殿、家庆堂、风洞楼、白特殿、后圣宫，清代所建的文昌殿、大悲楼、百尺楼，等等。这些殿宇依山取势，高低错落，布局有序；元代流派、明清风格，各显雄姿；重檐飞角、鸱吻脊兽，古朴持重。特别是山顶的天尊殿，结构精

「文昌宫正殿」

巧，宏伟壮丽，曾博得我国古建筑学家梁思成的高度评价，认为该殿是研究古代道教建筑艺术的珍贵实物，并认为文昌宫是一处"古建筑博物馆"。

梓潼文昌宫有别于其他道教宫观的最突出之处，在于宫中保存了许多巨大的明崇祯元年（公元1628年）用生铁铸成的铁铸像。

> 正殿文昌殿中的文昌坐像，短颈粗体，方面大耳，头戴冕旒，身着九龙袍，慈祥和善，高约4.7米，重约30吨，是最大的文昌铁铸像。其余神像高约2米，重约万斤。这些神像体态匀称，面形丰满，彩饰金身，工艺精湛，毫无瑕疵，实属罕见。

另外桂香殿中还陈列着明弘治十五年（公元1502年）所铸的四足铁鼎和南宋淳祐年间（公元1241—1252年）所铸的五足铁鼎。

这些铁铸神像和铁鼎，为研究古代的冶铁工艺提供了宝贵的实物资料。

「梓潼庙会」

在梓潼,因信仰文昌而衍生的文昌会、文昌祭祀、文昌经典、文昌版画、迎神会、梓潼阳戏、大新花灯等文昌文化也都颇具内涵与特色。文昌文化以"崇文、重教、明理、修身、助人、行善"为主要特点。人们把文昌与孔子并列,称"北有孔子、南有文昌"。文昌帝所作的《文昌阴骘文》被译为日、韩、法等多国语言流传,日本学者还把它作为世界文化遗产收入《世界圣典全集》。由谈演《文昌大洞仙经》而形成的文昌洞经音乐,被联合国教科文组织誉为"古代音乐活化石"、"人类的重要文化遗产"。

阴曹地府——重庆丰都宫观

重庆东部长江北岸的丰都县有一座气势巍峨的名山,犹如天然屏障,横亘在县城东北。此山又称平都山,是一个充满怪异传闻的地方。汉代以来,这里就号称是人死后的归宿——鬼国都城,而道教谓之第四十五福地。传说汉代方士王方平、阴长生先后弃官来此修道多年,炼养成仙,驾五彩祥云白日飞升,人称王、阴二仙。传说张陵在青城山战胜了"五部鬼帅"后,对愿意归附的鬼帅,有的命为自己的直系部属,有的被封为丰都鬼国的官吏。由此,荒诞之说接踵而来,平都山被看作是阴曹地府的所在。而王、阴二仙,也被颠倒称为"阴王",并被奉为阴间天子。

唐宋以后,怪异传闻风靡于世,有后来创作的小说为证。

「天下名山鬼城」

长江上游的道教宫观

「鬼国神宫」

《西游记》中记有唐太宗入阴曹地府,被恶鬼追赶和经丰都判官崔某保驾的故事;《精忠说岳传》描述了奸贼秦桧在地狱受罪的情景;《聊斋志异》也有专讲丰都御史的情节。通过这些文学作品的渲染,丰都鬼城离奇神异的传说广为流传,甚至影响到人们的社会生活。

隋末、唐初以来,人们根据丰富的想象,从平都山的山麓到山顶,先后修建起大小宫观寺庙75座,并根据儒、佛、道三教合流的精神,构造了一大批神鬼故事,构筑起阴曹地府一整套职能机构。

平都山的阴曹地府由阴阳界、鬼门关、奈何桥、望乡台、地藏殿、血河殿、十王殿、阎罗殿、天子殿等组成。通往地狱的鬼门关、心惊胆战的奈何桥、狰狞可怕的阎罗殿小鬼判官,无不令人毛骨悚然。其中天子殿是唐代太和元年(公元827年)人们根据王方平、阴长生在此山修炼成仙的传说,在平都山的绝顶建起的一座道教宫观,时称仙都观。其正殿大门上悬挂着匾额"乾坤一气",左右两侧绘有诸如八仙过海等画面。正殿中堂供奉着道教幽冥世界的天尊阴尊鬼帝,两旁侍立着赏善惩恶的四大判官、六曹文武、专司捉拿孽鬼的十大阴帅,无不威风凛凛。一位判官左手拿着生死簿,右手拿着大墨笔,正欲下笔,好像又要将若干人从人间一笔勾销一样。另一位判官手执朱笔、算盘,似乎正在计算何人阳寿已尽……殿内显得寂静、阴森和恐怖。殿宅两侧便是人们常说的十八层地狱,这里有各种各样的酷刑,如下油锅、上刀山、拔舌、吊筋、剥皮、炮烙、割鼻、掏肚肠、铁锯剖人等,凡人间的诉讼、法庭、监狱、酷刑,在天子殿是应有尽有。有了这些,阴森可怕的鬼国都城的形象便在丰都直观地建立起来了。

在平都山的绝顶,天子殿的后面,还有一座平都山最古老的道教建筑——二仙楼,它建于西晋,原名二仙阁,相传是王方平和阴长生修道时的对弈之处。此楼分三层,第一层供奉华光大帝坐像,第二层供奉观音像,第三层供奉着王方平、阴长生对弈的四尺铜像,他们下棋的石刻棋盘和炼

「鬼门关」

丹石炉等。清川湖总督蔡毓荣游览此地，留下了两幅对联"薜荔摇清气，烟楼半紫虚"，"山随平野尽，天围万岭低"，比较形象地描绘了登临此楼飘然灵虚之感。

天子殿前左有钟馗殿，右有上关殿供奉关帝。上关殿前有一阴君洞，俗称天心眼，相传是王、阴二仙飞升之处。

> 平都山东南山腰有一座城隍殿，又称十二殿。主殿正中供奉都城隍塑像，主殿两边各有六间殿宇，分别供奉十殿阎王、南岳大帝、东岳大帝。主殿正面高悬"罚恶扬善"四字匾额，左右两面墙上书有"赫赫丰都，森森地府"一幅短联。明初，宣扬阴间与人世对应，企图运用人间的政权来树立冥府的神权，分别封设都、省、州、县城隍，实行阴、阳治国的愚民政策，丰都县城隍被尊为都城隍。

在丰都，民间流传着"人死来丰都，恶鬼下地狱"的说法。人死后，魂魄都要飘游到这里的阴曹地府报到，接受阴曹天子发落，生前行善者转超阳世，生前作恶者则被打入十八层地狱。因此，过去很多人还在生前就买好了"路引"，作为死后顺利进入地府的"通行证"。这种"路引"长三尺、宽二尺，用黄裱纸印制而成，上面印着文字，大意是说普天下人必备此引，才能到丰都地府转世升天，还盖着"阴司"、"城隍"、"丰都县府"三颗方形大印。"路引"如同圣物，销行国内，甚至远销东南亚。丰都鬼国的声誉扬播海外。

从前，平都山每年定期举行庙会、香会，来朝拜的各地香客络绎不绝，热闹非凡。这里既有玉皇大帝圣诞、天子娘娘肉身成圣大庙会，也有弥勒佛寿诞、达摩祖师圣诞庙会，等等，令人应接不暇。可见，丰都鬼城是道教、佛教与当地迷信思想互相渗透的产物。

而今，鬼国都城古木参天，古刹辉煌，那些曾经用来愚弄群众的遗迹成了人们游览的胜景。

长江中游的道教宫观

长江中游湖北、湖南、江西等省,道教文化遗迹异常丰盛,道教仙真出生、修道养身、飞升成仙之处遍布名山宫观,如湖北武当山的宫观建筑群、武汉的长春观、江西龙虎山的天师府、南昌西山万寿宫等。而武当山的宫观建筑群还因其建筑物与风景相协调,有重要的历史、艺术或科学价值而被列入世界文化遗产名录。

"五里一庵十里宫——武当山宫观建筑群

　　武当山,位于湖北省西北部十堰市境内,层峦叠嶂,高险奇幽,有七十二峰、三十六岩、二十四涧、十池、九井、三潭。山中宫观奇伟恢弘,不少道客羽士曾来此隐居修道,被奉为"真武道场",享有"亘古无双胜境,天下第一仙山"的美誉。

　　武当山的宫观建筑群规模宏伟。"五里一庵十里宫,丹墙翠瓦望玲珑",这是对武当山宫观的生动描绘。昔日最盛时,武当山宫观庙宇达2000余间,建筑面积达160余万平方米,共33个建筑群。这一庞大的建筑群盘踞在方圆八百里武当,特别是长达70余公里的古神道沿线上,似巨龙升腾,气势非凡。虽经几百年的沧桑,部分建筑有所毁损,但仍有不少得以保存下来。

> 如今武当山的宫观有金殿、太和、南岩、紫霄、五龙、遇真、玉虚等宫,复真、元和等观,以及磨针井、玄武门等建筑,规模仍很宏大。其中尤以金殿、太和宫、南岩宫、紫霄宫、遇真宫最能代表武当山宫观建筑的特色。

　　为更好地领略武当山宫观建筑群的壮美和特色,首先需介绍一下武当山与真武大帝的关系、武当山宫观建筑群的来历。

　　真武,本名玄武,为古代四方四神(青龙、白虎、朱雀、玄武)之一,是北方七宿(斗、牛、女、虚、危、室、壁)的化身。北方七宿的形状像一只龟,下面有一条蛇。龟蛇合体,便成玄武的形象。北宋真宗时,为避祖父赵玄朗之讳,改玄武为真武。道教所信奉的真武神原来地位并不高,和青龙、白虎、朱雀一样只是护卫神,在天尊圣祖外出时充作仪仗。到了宋代,由于皇室崇信北方真武神,真武开始受宠,摇身一变成为镇守北方、威猛无比、法力无边的玄天上帝、真武大帝。随着真武信仰的升格,关于真武的出身又有了新的说法。宋道书《玄天上帝启示录》描述说,真武大帝是统摄北方的最高神元始天尊的化身,黄帝时托胎于天西头净乐国的善胜皇后腹中，整整怀胎14个月，真武才从皇后的左胁钻出来。他生来聪明，文武双全，人们都敬仰他。他虽身为太子，却不恋王位，到处求师学道。15岁时得玉清圣祖紫元君的指点，孤身一人越东海来到太和山（武当山），苦心修炼42年，终于得道成仙，奉大帝之命镇守北方。

「武当山山门」

关于武当山名称的来历，众说纷纭，莫衷一是，但把武当山与道教真武大帝的信仰密切联系起来，是武当山人文景观精华之所在。

武当山宫观建筑群的建筑历史，颇为灿烂。

由于武当山风景秀丽，环境优雅，东汉时期就有诸如尹喜、阴长生等隐士来武当山修炼，以洞为室。后来随着隐士修炼人数的不断增多，兴建了一些茅庵作修炼之所。

南北朝以前，武当山未见道观出现，修道者住在石室或茅庵中。唐朝是我国道教获得迅速发展的时期。唐皇室大力宣扬道教，把老子奉为自己的同宗圣祖，甚至把道教提到了国教的地位。唐贞观年间，天下大旱，朝廷下诏命有司祷于名山大川，然均未感应。均州（武当地区）刺史姚简亦奉命诣武当祷雨，有五个儒生，貌各异，对姚简说："吾等俱非凡士，乃五气龙君也。奉玄帝命守护此山，为子正直，祈祷精严，故来相访。"不一会儿，云气大涌，雷电交加，大雨霖霖。姚简将此灵异上奏朝廷，唐太宗龙颜大悦，曰："乃圣祖之助也，吾必敬之。"命在武当山建五龙祠。这是武当山建起的第一座道观，揭开了武当山宫观建筑的序幕。

宋代，北方常受游牧民族的侵扰。因传说真武大帝发祥于武当山，人们便把武当山当成了真武道场。武当山香火渐旺，前后有大批道士栖居武当山修道。作为道士活动场所的宫观，这时也大批修建起来，如繁星缀天，为武当增色不少。如紫霄宫、五龙观、五仙观等著名宫观，跃然武当山。但因宋末至元末武当山周围战火不断，山上宫观建筑大部毁坏无存，武当山道教的发展受到了限制。

「武当山建筑群」

明代,武当山道教处于极盛时期,武当山甚至成了"皇室家庙"。明太祖朱元璋去世后,皇太孙朱允炆继位,是为建文帝。建文帝为稳坐皇位,厉行削藩,先后削废杀死诸王多人。朱元璋四子燕王朱棣拥兵驻守北部边疆,以"清君侧"为名,兴师南下,发动"靖难之役",夺取了帝位,年号永乐,是为明成祖。藩王起兵,无异于造反,为了消除"同宗相戮"的舆论压力,淡化矛盾,明成祖大力宣扬登基是真武神荫佑。为答谢真武大帝,封之为"北极镇天真武玄天大帝",封其发祥地武当山为"大岳太和山",还不惜兴师动众,在武当山上大兴土木,广建宫观。从永乐十年(公元1412年)到二十二年(公元1424年),派工部侍郎郭琎、隆平侯张信和驸马都尉沐昕等督役30余万民工,夜以继日,耗费钱粮,难以数计。

> 所修建筑包括:用一色青石铺就的登山神道——从原均州城净乐宫到武当山天柱峰金殿长约70公里,有主祀真武大帝的八宫(净乐宫、近恩宫、遇真宫、玉虚宫、紫霄宫、五龙宫、南岩宫、太和宫)、二观(复真观、元和观)、三十六庵堂、七十二岩庙、十二亭台和三十九桥,主体建筑面积达160余万平方米,形成了一座依山就势、首尾呼应、布局紧凑、庄严壮观的道教建筑群。

时人描绘道:"五里一庵十里宫,丹墙翠瓦望玲珑,楼台隐映金银气,林岫回环画镜中",并赞曰:"成旷世之极盛,万古之奇观也"。

此后,真武成了明朝的护国家神,武当山则成为朱家皇朝的"皇室家庙"。明世宗朱厚熜更封其为"治世玄岳",使其地位高于五岳,并又一次大规模重建,使武当山宫观建筑空前宏大,成为全国最大的一处道场,由皇帝直接派遣藩臣、提点管理,享有特殊的政治地位。最盛时,拥有道官、道众、军队、工匠等1万余人,占有土地4.8万多亩,建造大小宫观2万余间。如此规模,其他名山实难望其项背。

长江中游的道教宫观

虽然明朝扶植武当道教的本意是祈求真武大帝保佑长治久安，但所建的武当山宫观建筑群成了灿烂的文化遗存，不仅是我国古代规划、建筑、设计的典范，也是世界建筑史上的奇迹。

入清以后，武当山道教渐衰。前期仍有知名道士入住，后期不仅入住道士减少，宫观建筑也毁坏了不少。民国时，更遭严重破坏。

尽管如此，明代所建的建筑群仍有不少被保存下来。现存的宫观主要有太和宫、金殿、紫霄宫、南岩宫、玉虚宫、遇真宫、五龙宫、复真观、元和观及磨针井、玄岳门等，此外，还幸存一批有很高文化价值的道教文物。

下面对其代表宫观——金殿、太和宫、南岩宫、紫霄宫、遇真宫，一一分述。

> 金殿，坐落在海拔1612米的武当七十二峰之首天柱峰之巅，又称"金顶"。此殿除花岗石殿基外，全为铜铸鎏金，用插榫、焊接安装而成，精光一片，毫无铸凿的痕迹。面阔、进深均为3间，高5.54米，长4.4米，深3.15米，重达数十万吨，是我国最大的铜铸鎏金大殿。

金殿顶四坡重檐迭脊，檐角飞举。瓦脊上分立着68个铜铸的龙、凤、鱼、马、狮等珍禽异兽，造型逼真。殿身由12根铜柱支撑，殿基以精雕花岗石砌成，四周饰以华丽的白石花栏杆，益显庄严凝重。殿内神像、案几、供器等一色铜铸鎏金。殿内正中宝座上供奉着真武大帝，披发跣足，着袍衬铠，丰姿凛然。侧侍金童玉女、水火二将。金童拿着文簿，玉女托着宝印，拘谨恭顺；水火二将执旗捧剑，勇猛威严。真武神案下置一蛇绕龟腹、龟蛇翘望的铜像，此乃"龟蛇二将"。

道教传说龟蛇二将是由真武大帝的肚子和肠子变的，经常溜下太和山，骚扰百姓，真武大帝收服他们作了自己的坐骑。

「武当山金顶」

殿中藻井上挂着一颗铜铸鎏金宝珠，名"避风球"。天柱峰上大风年年月月、日日夜夜常刮得地动山摇，可奇怪的是，金殿里的神灯总是火苗熊熊，不摇不晃，长明不灭，据说，这都是因为殿内这颗"避风球"，镇住了山风。

实际上，殿内神灯不灭，是因工匠在造殿时将所有的缝隙焊得严严实实，仅留一个大门，这样殿内空气不能形成对流。

金殿建于明永乐十四年（公元1416年）。其实早在元代就有一些虔诚信道者集资在天柱峰顶铸造了一座铜殿，内供真武大帝。只是因为明成祖朱棣下令修武当宫观时，觉得原来的金殿太小，不足以表达他对真武大帝的崇敬之情，遂将原来的小金殿移到了小莲峰，另铸了一座更大的殿取而代之。金殿分件铸造，经南京、入长江、再入汉水，然后运到武当山。此后，他又下令围绕金殿修建周长约3里的城墙，名紫禁城或皇城，墙高达数丈，由许多各重达千斤的石块砌成。紫禁城内依绝壁，外临悬崖，蜿蜒起伏，气势壮观。紫禁城四方设有四座石门，东、西、北三门紧临绝壁，唯有南门可通上下。南门又称南天门，进入南天门即是灵官殿长廊，长廊依山就势，弯曲幽暗。廊上端为锡铸的灵官殿，工艺绝伦，叹为珍宝。灵官殿前陈列有12根百斤重的铁铸神鞭。相传，朝山进香者如果心有不敬或不虔诚，王灵官就会手执神鞭予以惩罚。灵官殿右边竖立着六通明代的御碑。越过灵官殿，是"九连磴"，游人需手拉铁索，攀越120级台阶，盘旋九折才能登上天柱峰顶，来到金殿。

金殿两旁建有配房，左为签房，右为印房。签房是香客、游人抽签之地，借以占卜吉凶祸福；印房有一方"都天大法主宝"神印。据说来朝山进香的香客和游人盖上此神印，便能消灾延寿，遇难呈祥。金殿之后为父母殿，殿内供奉真武大帝的父母。

> 金殿前，置铜铸"金钟玉磬"楼两座，击之金声玉振，传至数十里之外。游人、香客置身武当仙山，闻听来自金顶的钟磬之声，神秘与肃穆之感油然而生。

由于金殿地高天近，四季气候变化莫测，会出现"神灯长明"、"雷火

长江中游的道教宫观

「武当山」

炼殿"、"天柱晓晴"、"金顶倒影"、"祖师出汗"、"祖师映光"、"海马吐雾"、"平地惊雷"、"陆海奔潮"、"神松迎宾"和"月敲山门"等种种奇观。

所谓"雷火炼殿",是说过去雷雨大作之时,雷电会在金殿周围燃起团团火球,而金殿虽经受多次雷击,依然毫无损伤,无痕无迹,辉煌如初。其实,这并非雷公电母施法,而是一种自然现象,后来为安全起见,在金殿周围装上了避雷网,此类现象就不再有了。

所谓"金顶倒影",即雨后日出之际天幕上折射出金殿与游人的倒影,这其实是一种海市蜃楼现象。

所谓"海马吐雾",因为金殿使用的是重檐庑殿制的建筑,金殿上有五个仙人、兽头,第一个是龙,第二个是凤,第三个是狮,第四个是天马,第五个是海马。这个海马很神奇,据说每到夏季下雨的时候,就会口吐云雾,云雾升华到空中,马上就变成了紫色的烟霞,非常美丽。其实,这与烧水时水壶嘴喷出白雾是一个道理。海马本身是铜制的,内部中空,外部温度过高,造成内部温度也很高,温度下降的时候,形成汽化现象,海马内部空气形成水蒸气,从海马的嘴里散发出去。

其他几种奇观也是由于自然变幻所致,道教及其信徒为了宣扬真武大帝法力无边,故意将这些奇异现象罩上一层神秘的光环,并说如能有幸观赏到以上奇观,便会诸事顺利。

> 太和宫,全称"大岳太和宫",位于天柱峰紫禁城南天门外万丈悬崖之上,建于明永乐十年(公元1412年),历时四年建成,赐额"大岳太和宫"。

当时太和宫建有殿堂78间,有朝圣殿、钟鼓楼、元君殿、父母殿、诵经堂、神库等。后嘉靖年间扩展到了520间。这一组瑰丽精巧的琼楼玉宇,依山傍岩,悬于孤峰,烟树云海,气象万千,显示出古代劳动人民的聪明才智和艺术创造力，令古今登山游客叹为观止。

太和宫如今仅存正殿、朝拜殿、钟鼓楼、铜殿、皇经堂等建筑。正殿即"大岳太和殿"，又称朝圣殿，原本供奉着明宪宗御制的金像二尊、银质饰金从官像四尊，今已不存。现正殿供奉的是真武铜铸坐像，龛上有金童、玉女，龛下有邓伯文、杨戬、赵公明、温天君、马天君、水火二将等侍神天尊泥塑像。殿门左右置有两块铜碑：一为明嘉靖三十一年（公元1552年）九月九日皇帝遣工部侍郎陆述致祭所立的碑，一为明嘉靖二十九年（公元1550年）敕建苍龙岭三界混真雷坛神像的御碑。正殿殿门横额书"大岳太和宫"。

太和殿前是朝拜殿，周列石碑。朝拜殿两侧为钟鼓楼，楼中悬挂着一口巨大的饰龙纽铜钟，此铜钟系明永乐十四年（公元1416年）铸造，直径1.43米，高1.57米。

与太和殿、朝拜殿相对的小莲峰上有一古铜殿，即明永乐帝嫌其小而从天柱峰顶迁移过来的那座，又称辗转殿，俗称转运殿、转身殿。该殿是元大德十一年（公元1307年）由本山道士米道兴等向信众募资铸造的，是我国现存最早的铜铸建筑，和金殿一起被国家列为重点保护文物。此殿为悬山式构造，分布铸成，易安装，可拆卸。殿内铸有真武大帝、金童玉女和水火二将小铜像，工艺精湛。据说上山信士、游客环绕铜殿转一圈，便可转运得福。

朝拜殿下为皇经堂，又称诵经堂，清末民初数度募修，是宫中道士藏经诵经之地。堂有三间，额悬"白玉京中"，左悬"道济群生"，右挂"福佑下民"。堂内供奉三清、玉皇大帝、吕祖、普航、斗姆、张天师等神像。皇经堂的廊楣、门窗上有道教故事的浮雕装饰，墙上绘有有趣的道教传说。信士、游人至此，眼观堂内圣像和四壁道教传说，耳听道士诵经奏乐，不禁忘情其中。

> 南岩，全称"大圣南岩宫"，是武当山三十六岩中特别险峻幽奇的一岩，上接碧霄，下临绝涧，林木苍翠，峰岭奇峭，道教传为真武得道飞升之圣地。

长江中游的道教宫观

早在唐宋时就有道士在此修炼。元代，武当高道张守清在前人的基础上"凿岩平谷，广建宫廷"，建起了"天乙真庆万寿宫"石殿和两旁房屋，使南岩的建筑"隐林中之煊赫，耸层楼十二"，南岩的道人多达 1000 人。因为张守清修建南岩，弘扬武当道教的巨大功绩，皇帝赐封他为"体玄妙应太和真人"。史书盛赞当时的南岩是"分列殿庭，晨钟夕灯，山鸣谷震"。明永乐十一年（公元 1413 年）重建南岩宫，共 640 间，清末毁于火。现仅存元代的石殿，明代的南天门、碑亭、两仪殿、元君殿等。

> 南岩的古建筑巧借地势，依山傍岩，有的大起大落，有的小巧玲珑，既有群体的四合院，也有单体的转角楼，在建筑手法上打破了传统的完全对称的布局和模式，使其与环境风貌达到了高度的和谐统一，产生出强烈的艺术效果。

其中以元建的"天乙真庆万寿宫"石殿最令人惊叹。它开凿于南岩峭壁上，上依悬岩，下临深壑，远远看去犹如石壁上的一件浮雕，近看，其梁、柱、檩、檐、斗拱、门窗、瓦面都是巨石精心雕琢、拼砌榫卯而成。石殿内供奉着三清、五帝、真武的坐像，形态各异，气韵生动。殿四壁上嵌有铁铸饰金灵官像 500 尊，高各约 20 厘米。道经上说，他们原是净乐王派到武当山寻找太子的 500 名卫士，后来随太子得道成仙，留于武当。殿内左侧有一组泥塑，一英俊少年头枕一丈多长的金色盘龙，和衣而卧，这就是"太子卧龙床"，构思奇巧。石殿前有浮雕云龙石梁，悬空伸出岩外约 2.9 米，龙头正对金顶，上置有一小香炉，供虔诚者焚插，故名"龙头香"。过去有不少人因冒险爬上龙背烧龙头香而坠岩殒命。

远在清康熙时，川湖部院蔡毓荣就立碑刻文禁止爬龙背，并设拦门加锁。碑文告诫人们说，神是仁慈的，心诚则灵，不一定非要登到悬崖绝壁上烧香才是对神的崇敬。至今于此扶栏俯视，仍令人毛骨悚然。

紫霄宫，位于风景秀丽、松柏竹梅交映的展旗峰下。早在北宋宣和年间（公元 1119—1125 年），道士们就在此建道观，后毁于火。元代道士筹资重建，名"紫霄元圣殿"，又遭毁坏。明永乐十一年（公元 1413 年），即敕建武当山宫观的第二年，建起了紫霄宫，共有殿宇 860 余间，赐名为

［武当山紫霄宫］

"太玄紫霄宫",意为此宫至高极大,位于仙气弥漫的天空。现存为清末重葺,是武当山现存宫观中规模最大、保存最好的一处。1982年,被国务院确定为全国重点宫观之一,武当山道教协会设于此。

紫霄宫的主建筑有四进,依次为龙虎殿(山门)、十方堂(云水堂)、紫霄殿、父母殿。附属建筑有东宫院、西宫院、道房、客房等。其整体修筑在迭次而升的十层崇台上,抬眼望去,酷似海市蜃楼。

紫霄殿后为父母殿,殿内正中供奉的是真武大帝的父母,即传说中的净乐国王明真大帝和善胜皇后琼真上仙。左右还供奉着观音娘娘、三霄娘娘、送子娘娘等。整个殿堂不仅反映了佛、道、儒三教合流的思想,还体现了父母的仁爱之情。这里又称为百子堂,是昔日许多信女们前来祈求儿女之地。

西耳房内挂有对联一副:"伟人东来气尽紫,樵歌西去云腾霄"。这是贺龙将军题赠武当山道总徐本善的。原来西耳房曾作为贺龙将军1931年驻扎武当山时的司令部,徐本善又名徐伟樵,此联巧妙地以"伟樵"二字联头、"紫霄"二字联尾,令见之者叹赏。

> 遇真宫,位于玄岳门内,是入武当山后所见的第一处道宫。其左右山水环绕,如一座城郭,故又有黄土城之称。

传说著名道士张三丰,通三教经书,善医,能画,有文武才。初在凤翔金鸡县金台观修炼,后入蜀转楚到武当山游览诸峰,曾对人说:"此山异日必大兴。"那时,武当山已有的宫观庙宇多已倒塌,所剩无几,张三丰领弟子去荆榛,辟瓦砾,搭草庐以居,令弟子分住南岩、五龙、紫霄、土城,自己结庐于展旗峰北,名曰"会仙馆"。洪武二十三年(公元1390年),张三丰离开武当,不知何往。民间到处流传着张三丰是"神仙下凡"

的说法，甚至惊动了朝廷。

明太祖晚年多病，于洪武二十四年（公元1391年）遣使持诏前往武当请张三丰出山，但使者连张三丰的踪影也没寻着。正一首领张宇初曾担任寻访重任，也无功而返。朱元璋求仙未成，抱憾终身。

继位的建文帝被燕王朱棣赶出皇宫，出家修道。朱棣以藩王夺取帝位，是为成祖，名不正，言不顺，不能使臣民心悦臣服。于是想利用张三丰的影响，神化自己的君权。永乐五年（公元1407年），遣给事中胡濙携带玉玺、香巾前往武当敦请张三丰入朝，未见其踪影。随后，胡濙等人又遍访全国的名山大川，前后历经十年，俱无结果。明成祖仍令使者持诏敦请，其诏《赐张三丰书》（《太和山县志》）中说："皇帝敬奉书真仙张三丰先生足下：朕久仰真仙，渴思亲承仪范，常遣超乎万有，体合自然，神妙莫测。朕才质疏庸，德行菲薄，而至诚愿见之心，夙夜不忘，敬再遣使，谨致香奉书虔请，恭候云车风驾，惠然贲临，以副朕拳拳仰慕之情。"

据说张三丰这才寄书《答永乐皇帝》，其中说到，武当山的庙宇已经荒废，我也住在草莽中，皇帝若有情有意，就来大建武当山，才能福寿无疆。

永乐十年（公元1412年），成祖下诏大修武当山。隆平侯张信、兵部尚书郭琎、驸马都尉沐昕率30万军民，经12年修成，耗资无算，共建宫观庙宇2万多间。在张三丰曾隐修的展旗峰北共修了大小290间宫观，御赐额"遇真宫"。

为了了却欲见张三丰仙人风姿的愿望，便于四时供奉，遇真宫内造了一个铜铸鎏金张三丰坐像，高141.5厘米，身着道袍，头戴斗笠，脚穿草鞋，面貌丰润，神态潇洒。至今仍保存完好。

到嘉靖年间，遇真宫已经扩大到296间，院落宽敞，环境幽雅静穆。清末民初已毁其半。现存殿宇从前到后依次有琉璃八字宫门、东西配殿、左右廊庑、斋堂和真仙殿

「张三丰」

等。真仙殿为其主殿，为庑殿式顶，单檐飞展，彩栋朱墙，矗之于崇台之上，面阔、进深均为3间，古朴典雅，庄严肃穆。殿中供张三丰铜铸鎏金坐像。

因张三丰被奉为武当武术的祖师，遇真宫亦被历代武当拳弟子崇敬，并在此习练拳术。据说，张三丰年少时臂力过人，善骑射。后在武当山结庐修道时，善于观察动物们格斗的动作，至今在武当还流传着张三丰观"鸟蛇斗"的故事。一日，张三丰听到院中有一鹊急鸣，乃从窗中视之。见树上有一喜鹊，其目下视；树下盘有一大蛇，其目仰视。二物相斗，历久不止，每当鹊上下飞击长蛇时，蛇就蜿蜒轻身摇首闪避，从未被击中。最后鸟疲，无可奈何地飞走了。张三丰由此悟通以柔克刚、以静制动的道理，模仿蛇的动作创造了内家拳法，包括八卦拳、形意拳、太极拳、武当剑等。张三丰所创的武当内家拳讲究手脚并用，以指穴擒拿为主。人云："拳勇之技少林为外家，武当张三丰为内家。"

> 实际上，张三丰将道教的诸如导引、吐纳、气功等修仙方法融入到了内家拳中，他主张的以静制动、以柔克刚的原理也与道教主张的清静柔弱无二。张三丰开创的武当内家拳，是中华民族的宝贵财富。

随着南水北调中线工程的实施，丹江口水库正常蓄水位从157米提高至170米，位于水库防护地带的遇真宫在170米水位线以下，面临被水淹没的危险。为抢救遇真宫，配合南水北调中线工程，2012年8月，约1100吨重的遇真宫被原地抬升15米。这是南水北调中线工程中规模最大、投资最大的单体文物保护工程。

武当山其他主要宫观如五龙宫、玉虚宫、复真观、元和观、磨针井、玄岳门的建筑式样和殿内装饰，都有自己鲜明独特的风格。

总之，武当山的宫观建筑大多以高度突出真武信仰为主题，游人、香客只要一踏进武当山的大门，便沉浸在真武崇拜的氛围之中。由于是统一规划、精心施工、一气呵成，因此整个宫观建筑主题突出，彼此关联，散而不乱，与林泉山涧、沟壑融为一体，妙趣天成，体现了道教尊重自然、崇尚自然的思想。

1994年武当山古建筑群被列为世界文化遗产。世界遗产委员会的评价是:"武当山古建筑中的宫阙庙宇集中体现了中国元、明、清三代世俗和宗教建筑的建筑学和艺术成就。古建筑群坐落在沟壑纵横、风景如画的湖北省武当山麓,在明代期间逐渐形成规模,其中的道教建筑可以追溯到公元七世纪,这些建筑代表了近千年的中国艺术和建筑的最高水平。"

"江楚名区"——武汉长春观

长春观位于湖北省武昌大东门外双峰山南腰,黄鹤楼之东,是我国道教著名十方丛林之一。双峰山原来古松参天,树木繁茂,又名"松岛"。又因长春观层楼飞阁,缥缈若仙境,加之观内神像、神龛、法器等完整齐全,陈设古雅,使长春观一度享有"江楚名区"的美誉,道子云集,黄冠皈依。

「长春观」

据说老子曾应弟子邀请,到过松岛,因此山上有过老君宫,常有道士云游至此。至元太祖时,全真道龙门派祖师邱处机来老君宫修炼,因邱自号"长春子",故将该宫改名为长春观。长春观经历代道众努力,逐渐发展成"屋宇千间,道友万数,香火辉煌"的著名道教丛林。清咸丰元年(公元1851年)毁于战火。十多年后,同治三年(公元1864年)全真龙门派第十六代祖师何合春从武当山来到此地,叩募集资,并得到当时官署的捐助,广修大道,重建长春观。此后迭经战乱,屡废屡建。

> 每年农历正月十九长春真人圣诞之日,长春观要举行隆重盛大的邱祖会,武汉民俗称之为"迎春会",也称"燕九节"。《桃花扇》的作者孔尚任曾为此作有《燕九竹枝词》:"才是星桥又步云,真仙不遇心如结",描绘了这一盛会。

明时楚昭王朱桢过生日,至长春观为其父朱元璋祈寿降香,取"长春观"长春二字改此山为长春山。清诗人王柏心在《过长春观鹿频炼师气诗》中道:"山川俯迎劫灰余,杰观盉开阆苑居;紫府琼台仍缥缈,亡都金阙故清虚。"乃言长春观几经战火,几经修复,历史沧桑。

长春观在近代中国革命史上也有着光辉灿烂的一页。"辛亥革命"的策划者曾以道观为掩护居此处筹划起义事宜。1926年,北伐军叶挺独立师驻扎长春观,并在三皇殿设立前线指挥部。国民革命军总政治部副主任郭沫若曾在观内暂住。邓演达在此督战,衣袖被子弹击穿,俄国翻译纪德甫殉难在观内。为此,郭沫若挥泪痛悼北伐英烈:

一弹穿头复贯胸,成仁心事底从容。
宾阳门外长春观,留待千秋史管彤。

1983年长春观再次整修。如今的长春观坐北朝南,由下而上,依山布设,层层递进。殿宇建筑大多为砖木结构,重檐歇山式,宝瓶压脊,重檐舒翼,彩绘雕梁,富丽巍峨。

> 整个建筑群主要由灵官殿、太清殿、七真殿、地步天机、三皇殿、吕祖殿、道藏阁及功德祠等组成。

长春观正面门额上有三个大字"长春观"。一进入山门,便是灵官殿,殿正中神龛之上供奉着镇守山门的护法大神——王灵官,形象凶猛。穿过灵官殿,是一处不大的庭院,院中鲜花盛开,两株银杏挺拔笔直,清幽宜人。庭院北便是太清殿,殿前石阶正中镶嵌着一块"五龙捧圣图"浮雕,雕工精细,体态逼真。殿中供奉着太上老君的金饰塑像,高约4米,面露慈祥,微射神光,手执《道德五千言》。他的两大弟子南华真人庄子像、无上真人尹喜像位居两侧。太清殿两壁有大型壁画,左

「长春观太清殿」

为《老子讲经说法图》和《老子过函谷关图》，右为《老子炼丹图》和《孔子问礼图》。

> 在太清殿之后是七真殿，这是长春观的主殿，是观内道众每日诵经以及举行重大宗教活动的地方。殿内供奉全真道北七真人像，均为坐像，高约2米，他们是龙门派祖师邱处机、随山派祖师刘处玄、南无派祖师谭处端、遇仙派祖师马钰、华山派祖师郝大通、嵛山派祖师王处一、清静派祖师孙不二，都是全真祖师王重阳的弟子。

七真殿的左面是功德祠，祠内墙基镶嵌着1936年重刻的天文图碑。碑分三部分：上部正中有"谕旨"二字，蟠龙祥云环绕；中部为天文图，绘有十八星宿座，四角有"长春璇玑"四字，下有天皇宝诰文及序。此碑对研究道教阴阳五行、星象占卜思想有一定的参考价值。

出七真殿，拾级而上，第二蹬石梯正中的红砂石壁上，镌刻"地步天机"四字。第三磴石阶为一平台，台上就是著名的会仙桥，此处已近双峰山顶了。会仙桥的左边是供奉八仙之一吕洞宾的吕祖殿，而吕祖殿左右两厢列有来成楼、道藏阁等殿。

过会仙桥，便到了长春观的最高处三皇殿，这是一座红墙碧瓦的壮观建筑，殿内供奉的是伏羲、神农、黄帝三皇塑像。伏羲腰围树叶、赤足，手握八卦图；神农身披兽皮、赤足，手执谷穗；黄帝，足登云履，身着锦袍，手持金简。

伫立双峰山巅，远眺喧嚣的现代都市，俯看掩映在苍翠之间的长春观，别有一番韵味。

长春观内还有"三绝"。

一是上文提到的天文图碑，全国仅此一块。解放初全国留有三块"天文图"碑，为道教天文学家所留，上刻有"谕旨"二字。一块在杭州玉皇山，一块在陕西某观，一块即在长春观。现前二块皆毁于文革，仅留长春观的这一块全图碑，是极珍贵的天文学文物。

二是长春观是我国道教唯一的一处带有藏族风格及欧式风格的建筑群。为什么一处道教宫观建筑带有藏族风格及欧式风格呢？第一个原因是清末助建长春观的钦差大臣官文乃满族人,崇信藏传佛教,所用工匠受其影响,将藏族吉祥物大象及藏红花图案装饰于殿堂。第二个原因是清末长春观主持侯永德原本是左宗棠手下的一员将官,后出家为道人,因受西方思潮影响,以欧式和中式相结合的风格,修建起长春观的道藏阁,其屋檐上用水泥"堆塑"而成的传统花饰,其工艺现已失传,堪为一绝。这是全国唯一一处以欧式建筑为主体的道教建筑。

三是乾隆帝御赐的"甘棠"石刻。该石刻位于道藏阁前,乾隆亲书。是道教建筑中为数不多的帝王题词,亦可为一绝。

圣迹仙坛——南岳衡山宫观

衡山位于湖南省中部衡阳市南岳区,为中国五岳之南岳,是中华祝颂词"福如东海,寿比南山"的"南山",因此衡山又名南岳、寿岳、南山。据《周礼职方志》,衡山的位置正好相当于天上的二十八宿的轸星之翼,像秤一样可以衡量天地之轻重,即所谓的"铨德钧物",故名"衡山"。从隋文帝时起,取代安徽潜山县的天柱山成为五岳之一的"南岳"。在五行中,南岳位于南方,南方属火,由赤帝祝融统治,四方取象与朱雀相配,而衡山的山势恰如一只展翅垂云的大鸟。清人魏源《衡山吟》描述:"恒山如行,岱山如坐,华山如立,嵩山如卧,唯有南岳独如飞。朱雀展翅垂云大,四旁各展白十里,环侍主峰如辅佐。"一个"飞"字点出了南岳的神韵。

南岳衡山历史悠久,有着众多美丽动听的传说。一说中华始祖之一的炎帝神农氏追赶仙鸟,用神鞭打落朱鸟变成了南岳。神农在这里采百药,因尝线虫中毒,死在降真峰上。又说大禹治水时也曾路过此山,杀白马祭天神,得到了苍夷山仙人授予的金简玉书,找到了制服洪水的疏导之法,并在此立碑,记述自己的治水经过。

「南岳衡山」

> 衡山山势雄伟,盘桓数百里,有大小山峰七十二座,以祝融、天柱、芙蓉、紫盖、石廪五峰最高,其中祝融峰海拔1290米,为诸峰之冠。衡山处处茂林修竹,终年翠绿,奇花异草,四时飘香,自然景色十分秀丽,有"南岳独秀"的美誉。

如此仙真显圣之所自是神仙洞府所在地,是神仙羽客的栖隐之所。道教称此山是道教洞天福地三十六洞天之第三洞天——朱陵洞天,道教七十二福地之青玉坛福地、光天坛福地、洞灵源福地。唐司马承祯《天地宫府图·三十六小洞天》云:"第三南岳衡山洞,周回七百里,名曰朱陵洞天。在衡州衡山县,仙人石长生治之。"

与其他四岳相比,道教对南岳的开发较晚,早期的仙迹并不多。从西晋开始至南北朝时衡山道教才有一定发展。史载此时期在南岳修道的有陈兴明、施存、尹道全、徐灵期、陈惠度、张昙要、张始珍、王灵兴、邓郁之等九位著名的道士,后世道教称其为"南岳九真人"。当然除了这九人之外,此期居南岳的著名道士尚多,如东晋女道士魏华存等。而此时,衡山已建立起一批宫观,如衡岳观、招仙观、九真观、西灵观、中宫、北帝院、九仙宫、普贤院、玉清观、太平观等。

隋唐时,衡山道教十分兴盛,已成为道教名山,有大批知名道士在此山炼丹修道建观。如著名道士、道教学者、道教上清派第十二代宗师司马承祯于玄宗开元元年(公元713年)来南岳衡山,先是住九真观附近白云庵修炼,后来又在祝融峰顶建息庵,法从者甚众。唐时,除对衡山原有宫观进行修葺外,又新建了一批宫观,如黄庭观、真君观、降圣观等。降圣观旧号白云庵,是司马承祯修行处。司马承祯卒后,其弟子请改庵为观,唐玄宗亲篆额。

由于自中唐以后佛教势力大举进入衡山,因此至宋时,衡山道教渐趋衰微,来此修道炼丹的知名道士渐少,许多宫观也渐趋废圮。历元至明清时,衡山大多宫观衰毁。留存至今者仅有祝融殿、黄庭观、南岳庙、九仙观等几处宫观。

祝融殿在最高峰祝融峰之绝顶,两进的殿宇建在一块巨大岩石上面。

「衡山祝融峰」

墙体为花岗石砌筑,屋顶用加锡铸成的铁瓦,以防高山绝顶的大风。正殿供奉火神祝融。附近有望日台和望月台,经南天门有连接南岳庙的主要香道通往山下。登上祝融峰,南岳诸峰尽在眼底,东望湘江,南及五岭,景界极其开阔。宋代诗人黄庭坚有诗句描写其高峻之状貌:

上观碧落星辰近,下视红尘世界遥。
螺簇山低青霭霭,线拖水远绿迢迢。

所谓"线拖水远",指山下的湘江言。如果天气晴朗,在南天门可看到湘江九曲之水,五向五背,宛若五条巨龙面朝南岳,这就是著名的"五龙朝岳"之景。

黄庭观在天柱峰下的一个小山头上,下临深涧,环境清幽而险要,相传东晋著名女道士魏夫人及其侍女麻姑在这里修道并飞升成仙。

> 魏夫人是历史上的第一位女道士,黄庭观亦因此而在道教界拥有很高的知名度。魏夫人即魏华存,字贤安,任城(今属山东)人,晋代女道士,被上清派尊为第一代太师,号称"上清道主南极紫真后圣上保太徽玉晨圣后"、"南岳上真司命高元宸照紫虚元道元君"。

《南岳魏夫人传》等记载,魏华存自幼文静、恭谦、沉默寡言,喜读《老子》、《庄子》,广涉百家。雅好道教,志慕神仙。24岁时,被父母逼迫,嫁给南阳人刘文为妻,但她经常离开丈夫、儿子,单独在一间居室里斋静清修。《茅山志》卷十记载,魏华存因"冥兴斋静,累感真灵",于西晋太康九年(公元288年)37岁时,忽然有一天在朦朦胧胧之中看见诸真下降,授给魏华存《太上宝文》、《八素隐书》、《大洞真经》、《灵书八道》、《紫度炎光》、《石精玉马》、《神虎真文》、《高仙羽玄》等经,共31卷,《上清经》从此问世。丈夫刘文谢世,魏华存知中原不久即将大乱，就带着两个儿子过长江，到了南岳衡山。

魏华存南下后，道业日精。晋成帝咸和九年（公元334年），诸真授予魏华存成药两剂。她服药七天后托剑化形而去，升天为南岳夫人。她在南岳修道的场所被当作"仙坛"。南岳衡山中峰前有一块宽约10多丈的大石头，下圆上平，叠在另一块大石头上面。如果一个人去推它，似乎还能转动起来；如果多个人一起推它，却纹丝不动。据道门中人说，这就是魏华存南下后修道的处所——有名的"魏夫人仙坛"。至今仍流传着"仙坛"种种显灵的故事。

据传，魏夫人谢世升仙后，相继有许多人来仙坛修道。有个叫缑仙姑的人在魏夫人仙坛苦心修炼了十多年，仙坛周围豺虎穿行，缑仙姑虽然孑然一人，而豺虎不伤其身。有一天，有一只长尾巴、红头顶的青鸟飞来对缑仙姑说：我是南岳魏夫人的使者，因为仙姑志诚修道，能忍受清苦，独自栖身深林，夫人吩咐我来与你做伴。这只青鸟还说：仙姑的圣祖就是西王母，西王母听说仙姑修道精心，会派神仙真人下降传授道法的，只是现在时候未到，你应该更加努力修行才是。这只青鸟陪伴缑仙姑度过了许多时日。如果有人到山中游玩，青鸟一定会准确地预告来者的姓名和日期。有一天，青鸟对仙姑说：今晚会有不法之徒到来，你千万不要害怕。果然，到了晚上，有十个野和尚拿着火把、刀杖，企图害死缑仙姑。野和尚闯进仙姑住处，却什么也看不见。出门推仙坛，却轰然作响，似天崩地裂。他们以为仙坛滚落，定眼一看，仙坛稳如泰山。这些野和尚吓得纷纷逃窜，结果有九个葬身虎口。剩下的一个因未参与推坛，才没有成为虎口之食。道门中人讲，这地方经年累月都有奇云灵气覆盖坛顶。

> 大诗人李白的诗《江上送女道士褚三清游南岳》，其中也写到衡山仙坛与魏夫人："吴江女道士，头戴莲花巾。霓衣不湿雨，特异阳台云。足下远游履，凌波生素尘。寻仙向南岳，应见魏夫人。"

如今的黄庭观系后人为纪念魏夫人所建。建于唐，原名魏阁，宋政和五年（公元1115年）改名黄庭观。现有建筑皆为清代重建，主要有正殿、过殿、厢房等。山门两侧写有一副对联："欲往西池诣王母，且来南岳拜夫人"。正殿内供奉魏夫人像。

南岳庙在衡山的南麓，南岳镇的北面，始建于唐，后经历代重修、改建，殿宇布局按前朝后寝的宫廷殿式，分为中、东、西三路，前后共九进院落，周围筑城墙，四角有角楼。中路的第一进为棂星门，第二进为奎星阁，第三进为正川门，第四进为御碑亭，是康熙四十七年（公元1708年）为重修南岳庙而立，第五进为嘉应门，第六进为御书楼，第七进为正殿，殿内供奉南岳真君，第八进为寝宫，第九进为北门。东路有道观八所，西路有佛寺八所，构成一派寺观合一的别致格局。整个建筑规模宏大、结构严谨。

天师世家——龙虎山上清宫和天师府

脍炙人口的古典文学名著《水浒传》第一回中说，宋仁宗派洪太尉上龙虎山请张天师赴京禳灾祈福，端的是龙虎山的景致动人心魄："……大顶直侵霄汉，果然好座大山！正是：根盘地角，顶接天心。远观磨断乱云痕，近看平吞明月魄。……左壁为掩，右壁为映。出的是云，纳的是雾。锥尖像小，崎峻似峭，悬空似险，削蹬如平。千峰竞秀，万壑争流。瀑布斜飞，藤萝倒挂。虎啸时风生谷口，猿啼时月坠山腰。恰似青黛染成千块玉，碧纱乱罩万堆烟。"

> 龙虎山位于江西省鹰潭市南20公里处的贵溪县境内，因山形似龙腾虎跃之势而得名。龙虎山不仅有奇丽的自然景致，更有源远流长的道教文化。它是中国道教的发祥地之一、正一（天师）道祖庭，道教称之为第三十二福地。

唐、五代以前，龙虎山道派并没有广泛的社会影响，声名并不显赫。入宋以后，龙虎山天师道被朝廷视为正宗，其势日盛。元代是龙虎山道教的鼎盛时期，天师成为正一道首领，龙虎山因此成为正一道祖庭。

宋元以来，龙虎山宫观屡有修缮和新建，形成了星罗棋布、巍峨壮丽的道教宫观建筑群。历史上的龙虎山曾先后建有10座道宫、81座道观、50座道院、10座道庵。清以后，以龙虎山为中心的正一道渐趋衰落，宫观建筑多有破坏。至1936年，主宫上清宫只空余危楼一角，张陵子孙世居之天师府，亦被贵溪县政府征用，开办完全小学一所，天师亦不常驻于此。近30年来，随着国家宗教政策的贯彻落实，江西省政府出资重修龙虎山宫观建筑，展现其昔日气势雄伟的风貌。其中重建规模最大者，是上清宫和嗣汉天师府。

上清宫在上清镇东约1000米处，又称"天师草堂"，是龙虎山最早的祀神建筑，历代天师传道授箓、阐教演化的主要宗教活动场所和修真养性的阆苑。其体制规模不仅居江南道教宫观之冠，在全国也名列前茅，号为"神仙所都"和"百神受职之所"。唐武宗会昌五年（公元845年），赐银在此修建

「龙虎山上清宫」

殿宇，并御书"真仙观"匾额。宋真宗大中祥符五年（公元1012年），敕改为"上清观"，其所在地也随之改为上清镇。宋徽宗时重建，改名为"上清正一宫"。宋理宗时再次扩建，初步奠定了上清宫的规模。元代，由于上清宫多次发生火灾，朝廷曾先后五次赐帑修葺，规模一次比一次大。元武宗至大三年（公元1310年），敕改上清正一宫为"大上清正一万寿宫"。

明洪武二十三年（公元1390年），明太祖赐宝钞五千贯，对上清宫进行修复和扩建，前后历时四年，规模虽未扩大多少，但极显华丽雄伟，使上清宫跃居全国著名大宫观之一。

清康熙二十六年（公元1687年），敕改"大上清正一万寿宫"为"太上清宫"，年御书匾额赐挂。至雍正九年（公元1731年），又赐帑扩建，使殿宇更加高大华丽，设施更加完善，共有二宫、十二殿、二十四座院落遍布山间，可谓鳞次栉比，金碧生辉。此外还拥有香田、膳地、山林、水塘7000余亩。此后，未再扩建。

1936年，上清宫不幸遭火灾，大部分建筑被毁。至20世纪40年代末，仅存太上清宫门楼、午朝门、钟楼、下马亭等破败建筑。

> 上清宫内有一口出名的古井，就是《水浒传》中提到的那口镇妖井。据《水浒传》第一回"张天师祈禳瘟疫，洪太尉误走妖魔"中说，太尉洪信不听劝阻私自打开"遇洪而开"的历代天师符箓加封的井上青石板，刹那间，一道黑气从井底冲出，井中原镇着的三十六天罡、七十二地煞，化作百十道金光四散开去。后来，他们聚而为水泊梁山一百单八将，"轰动宋国乾坤，闹遍赵家社稷"。

又说当年镇妖井中还有十人未及逃出，他们不甘屈服，与张天师大战，结果战败自焚，化为十座巨石，分布于龙虎山上清河沿岸，通称"十不得"，即"莲花（石）戴不得"、"仙桃（石）吃不得"、"云锦（石）穿不得"、"玉梳（石）梳不得"、"石鼓（石）敲不得"、"道堂（岸）坐不得"、"纱锭（岩）纺不得"、"楠机（岩）织不得"、"丹勺（洞）盛不得"、"仙女（岩）配不得"。神奇美丽的道教传说，配以惟妙惟肖的造型，令人流连忘返。

龙虎山天师府是历代张天师生活起居之所，位于江西省贵溪县龙虎山上清古镇中央。它是我国江南现存独有的宏大府第型建筑群，其地位、其盛况，可与曲阜孔府相比，素有"南张北孔"之称。

天师府全称"嗣汉天师府"。何谓嗣汉？即承嗣汉天师张陵的意思。明太祖继位后，认为天岂有师，遂改授天师"正一嗣教真人"之号，因此嗣汉天师府亦称"大真人府"。

天师府始建于宋徽宗崇宁四年（公元1105年），元仁宗延祐六年（公元1319年）重建，明洪武元年（公元1368年）赐币命天师张正常再次重建，此后明朝先后四次敕修府第，建成了王府式的宏大建筑群，依山带水，气势非凡，雕梁画栋，装饰华丽。整个庭院由头门、二门、三门、前厅、

「龙虎山天师府」

大堂、中堂、后堂、玄坛殿、法箓局、提举署、天师私第、万法宗坛、敕书阁、灵芝园、百花塘、灵泉井及连接这些建筑的甬道组成。然而，后来迭遭破坏。1990年，江西省政府出资百余万元，重修天师府。修复后的天师府，占地4.2万余平方米，建筑面积达2.3万平方米，雄伟壮观，引来四方香客和游人。

> 天师府的整体建筑布局是以私第"三省堂"为中心，层层叠叠，布置成八卦形，重檐丹楹，既有王府的华贵，又显示出道教宫观的玄秘。"三省堂"处在八卦中的太极位置，据说天师居此便能沟通人神，指挥四象五行。

三省堂是天师府的主体建筑，堂门前挂对联一副："南国无双地，西江第一家"。门内影壁上有"鹤鹿蜂猴"彩画，"鹤"意为长寿，"鹿"同"禄"，"蜂猴"暗寓"封侯"，表示这里高贵的门第。

"三省堂"南有"大堂"，原为历代天师实施道政的场所。堂内原置法台、令旗、朱笔、兵器以及御赐半副銮驾，现塑有高3米多的祖天师张陵神像。

"三省堂"北为天师内室散步的"灵芝园"。秋日，园内金桂银桂飘香。灵芝园的园门呈八卦形，也称"八卦门"，门顶有两条张牙舞爪的银龙浮在云海中戏珠，墙面上有"鹤鹿祥瑞"的浮雕装饰。门的左右有楹联一副："八卦涵宇宙，双龙卫乾坤"。

"三省堂"西边，有一规模不小的道院，名"万法宗坛"，是天师们祭祖和祀神之所，此名表达了万神聚集于此、道教各派法坛归宗于此的双重含义。院中有三清殿、灵官殿、玄坛殿。正殿三清殿供奉着道教的最高神三清四御，左右并奉天、地、水三官和三张（第一代张陵、第三十代张继先、第四十三代张宇初）塑像，殿内高悬"宗传"、"万法宗坛"匾额。灵官殿为东配殿，供奉护法王灵官，玄坛殿是西配殿，供奉财神赵公元神。

三省堂东部有"留侯家庙"，供奉历代天师神主，今已不存。

还值得一提的是天师府的府门，位于三省堂前，高7米，三开六扇，气宇轩昂。"道尊"和"德贵"两石坊分列两旁。门前一对汉白玉麒麟，威风凛凛。门上悬"嗣汉天师府"的直额，两旁柱上挂有一副笔力雄健的抱柱联，曰："麒麟殿上神仙客，龙虎山中宰相家"。六扇大门上绘有六尊一人多高的咄咄逼人的门将，他们是古代小说《说唐》中的名将：秦琼、尉迟恭、杨林、罗成、程咬金、单雄信。民间画门神于门上，一般是两个，或为神人神荼、郁垒，或为唐将秦琼、尉迟恭，而天师府竟一下子搬来六位挡门神，其非凡气势由此可见。

> 天师府内还珍藏着清光绪十六年（公元1890年）重修的《留侯天师世家宗谱》和历代天师传承之物——天师印剑。原龙虎山上清宫中9999斤的大铜钟也存于天师府中。钟顶为龙纽，钟上铸有经文和记载当时情况的铭文，并饰以云花条纹，工艺精致，为我国著名古钟之一。天师府中所存元代赵孟頫手书的《敕赐太宗师张公碑》，不仅是龙虎山的道教文物珍品，也是书法精品。

"忠孝神仙"宅——南昌西山万寿宫

在江西省南昌市西南30公里的西山南麓逍遥山上，有一座奉祀东晋旌阳县令、著名道教大师、净明道祖师许逊的道教建筑群——西山万寿宫，始建于晋，兴盛于宋，重建于清。

许逊，字敬之，祖籍河南汝南。其父名许肃，乃东汉末年的一名七品芝麻小官，因避中原战乱举家南下，至南昌隐居。相传吴大帝（孙权）赤乌二年（公元239年），许母梦金凤衔珠坠于掌中，玩而吞之，乃觉腹动，于是有娠，生下许逊。据道书记载，他自幼就聪颖好学，姿容英俊秀伟，5岁便入学读书，10岁就能知经书大意。稍长，更加勤奋刻苦，通晓经史和天文地理、阴阳五行之学，尤其酷爱修炼成仙的道术。有一天许逊入山射一鹿，鹿胎堕地，母鹿舐其胎而死。许逊由此感悟，折弩而回，迁徙到西山金氏之宅专意修道，颇臻其妙。他听说豫章（南昌）人吴猛获术士西义神方，乃拜大洞君吴猛为师。

> 西晋太康元年(公元280年)，许逊乡举孝廉，出任旌阳县令(今湖北枝江北)。许逊为官期间，清正廉明，关心黎民疾苦，惩恶扬善。他还精通道法，炼丹修行，钻研岐黄医术，为百姓治病，百姓感其德化，立生祠供其像，时人称之为"许旌阳"。

元康元年（公元291年），八王之乱爆发，许逊弃官返归故里，与吴猛在豫章地区传播孝道。他始创"净明忠孝"，以"孝悌为本"，弘扬道教教义，门徒甚多。据说许逊以南昌西山为中心建立的西山教团达100多人，其中教团骨干有12人，即许逊、吴猛、陈勋、周广、曾亨、时荷、甘战、施岑、彭杭、呼烈、钟离嘉和黄仁贤，合称"十二真君"。其传教活动遍及豫章附近地区，就连岳州平江（今属湖南）亦留下了许逊传教遗迹，由此成为当时知名的道教大师，不过作为一种道教派别净明道还未正式产生。他所著的《灵剑子》等道教经典，阐述积德、养生等修仙之道，提倡"净明忠孝"，对后世影响很大，为南宋初周真公创立净明道和元时刘玉对净明道的重建与革新奠定了坚实的基础。

> 据道教传说，东晋孝武帝宁康二年(公元374年)八月的某一天，许逊"合家飞升、鸡犬悉去"，享年136岁。

在许逊仙逝后的第二年，族人和乡邻为了永久纪念他的恩泽，特在许逊桐园故宅上，建起一座"许仙祠"，将许逊去世的日子定为"升仙日"，并在这一天进行朝拜。

南朝时，因许逊曾以五色帷施黄堂谌母祠，遂改名为"游帷观"。隋代，游帷观不慎被毁于火。唐代重建，高宗赐"游帷观"匾额和幢幡香烛等物，玄宗赐金帛宝物，但当时游帷观规模并不大。时至宋朝，道教昌盛，许逊极得北宋皇室的尊崇，游帷观的地位急剧上升。大中祥符三年（公元1010年），真宗敕建游帷观，并升"观"为"宫"，赐额"玉隆宫"。"玉隆"二字，系取自道教的《灵宝无量度人经》中的"玉隆腾胜"。自称

"教主道君皇帝"的宋徽宗封许逊为"神功妙济真君",并令仿照西京(今洛阳)崇福宫式样,重修玉隆宫,包括高明殿、三清殿、老祖殿、谌母殿、兰公殿、玄帝殿等六大殿,玉皇阁、紫微阁、三官阁、敕书阁、玉册阁、冲升阁等六大阁,还有十二小殿、七楼、三廊、十七门、三十六堂等,其规模之大,"埒于王者之居",成为中国最大的道教圣地之一。宋徽宗御题"玉隆万寿宫",此名沿用至今。

由于许逊为官清廉、战胜邪恶、得道成仙的事迹在民间流传,并经加工夸张,以及官方为了统治的需要,对许逊的形象加以粉饰,使之神化,于是许逊成了一位带传奇色彩的"许真君",受到人们的怀念和崇敬。据道书记载,南宋时,"真君垂迹,遍于江左、湖南北之境,因而为观府、为坛靖者,不可胜计"。

元、明、清时期,西山万寿宫屡废屡建。抗战时期又遭日寇洗劫,至解放时已损毁十分严重。中华人民共和国成立后,人民政府曾于1950、1952、1959年相继拨款进行维修。特别是1984年,县政府专门成立领导小组主持维修,现已有高明殿、谌母殿、三清殿、三官殿、关帝殿,另外还有四门、一亭、一阁等,陆续修复,规模不小,仍是目前江西省著名大道观。

「西山万寿宫」

西山万寿宫的整体布局,分左、中、右三路:左路以高明殿为主,中路以关帝殿、三清殿为主,右路以三官殿为主。其中高明殿作为万寿宫的主体建筑,供奉着许逊,该殿因传说许逊升天后被玉皇大帝封为高明大使而得名。门楼上题有"忠孝神仙"四字,这也是人们将南昌西山万寿宫称为"忠孝神仙"宅的来源。

高明殿位于高而宽敞的月台之上,宽5间,深3间,重檐彩色琉璃瓦,不乏堂皇气象。殿内正中神殿上许逊像抱笏端坐,脑后有八卦头光,左右有金童玉女侍奉。神案两侧还分立有许逊的师兄弟吴猛和郭璞的高大立像。东西两壁排列有十二真人坐像,据说他们都是许逊在治水时收的12个徒弟,悉被宋真宗封为真人。殿后壁还镶有两幅大型瓷砖画,一是《许逊归隐生涯图》,一是《许逊持剑斩蛟图》。殿柱漆红描金,更增添了庄严气氛。殿前有两株古柏,直刺苍天。其中一株名剑柏,传为许逊手植。

每年农历八月初一,传为许逊升仙的日子,四面八方的善男信女熏沐斋戒,前往万寿宫朝拜。从农历八月至十月,是万寿宫的"朝拜日",其间,通往西山万寿宫的道路上男女香客摩肩接踵。农历八月十五以后,盛况更为空前。邻近各县的乡民自发组织"万寿敬香会",纷纷涌向西山万寿宫,在许逊的塑像前进香祈拜。宫前车水马龙,宫内香烟氤氲。仙乐人云,爆竹喧天。每逢这时,还有地方各种文艺演出及龙灯会等,人山人海,热闹非凡。据《孝道吴许二真君传》记载:每当许逊升仙日,"四乡百姓聚会于观,设黄箓大斋。邀请道流,三日三夜,升坛进表,上达玄元,作礼焚香,克意诚请,存亡获福,方休暇焉。"此俗相沿1600多年,竟形成了一种别有风味的朝山民间民俗文化。

其实,祀奉许逊的万寿宫并不只有南昌西山一处,宋代以来,不仅在江西境内有几十座之多,在大江南北其他地方也有。据今人章文焕教授调查,明清以来,东往安徽、江苏、浙江,西至湖南、湖北、贵州、四川、云南,南至广东、广西、福建、台湾、海南,北到河南、河北、山东、北京、天津,西北远至陕西、甘肃,全国几十个省市都有祀奉许逊的宫观,形成了一个遍布全国大半的万寿宫网。这表明许逊得到大江南北许多地方民众的信仰。在这众多的万寿宫中,南昌西山的万寿宫是祀奉许逊的祖庭。

灵宝基地——江西阁皂山宫观

号称"天下第三十六福地"的阁皂山,是武夷山支脉,延亘百余千米,位于今江西省樟树市(原名清江县)。

阁皂山是道教灵宝派的祖山。相传,灵宝派始祖汉晋间道士葛玄为选择布道、炼丹宝地,遨游名山大川,历经括苍、南丘、罗浮诸山凡22处,都不满意。最后来到阁皂山,见其"形阁色皂,土良水清",灵芝百草,信手可得,喜为"神仙之宅"而定居。葛玄在阁皂山东峰卧云庵筑坛立灶，修炼九转金丹。据说他在阁皂山住了43年，最后在此山"白日飞升"。道教徒尊之为"太极仙翁"，又称"葛仙翁"。

葛玄在阁皂山潜心删集《灵宝经诰》，撰成《祭炼大法》和《灵符秘录》以及灵宝道派音乐专著《步虚经》，因此灵宝派奉其为宗师，而阁皂山被称为灵宝基地。

南北朝时期，阁皂山已建有道观。唐代，阁皂山先后建立起卧云庵、阁皂观、仙人庵、路山庵、郭公庵等一批道观。

宋代灵宝派鼎盛，有大批道士来阁皂山修道。阁皂山全盛时，有500多道士，其中陈元礼、杨固卿、朱季愈、刘贵伯、杨至质等都颇有才气。此时，阁皂山宫观殿宇达1500间。南宋宰相周必大在《阁皂山崇真观记》中云："江湖宫观，未有盛于斯者。"道教灵宝派以此山为传播中心，立坛传箓，时与龙虎山的正一派、茅山的上清派齐名，谓之"三山符箓"。

元代以后，阁皂山道教渐趋衰微，宫观殿宇大部毁损，至明末时仅剩残垣了。

如今，经过修葺，山上仍保留有接仙桥、山门、鸣水桥、大万寿崇真宫、紫阳书院等道教遗迹，可以依稀想见阁皂山往昔的盛况。

接仙桥，坐落在阁皂山门前，是南面登临阁皂山的起点。传说葛玄在阁皂山结庐定居，修道炼丹，常来此桥迎接来山论医访道、谈玄炼丹的各路"仙人"，因名。桥长11米，宽9米。桥下溪水潺湲，四周林木苍翠。

山门，这是一座小石牌坊，四柱三空，飞檐翘角。正南上方书有"阁皂山"三个大字，两根中柱上各书楹联一副。其一是："道教名山，碧嶂清江钟秀异；医宗圣地，灵丹妙药萃珍奇"。其二是："阁形佳境环山，望东腾太极，南耸凌云，北踞骆驼，西迎五老；皂色珍丛人药，趁春采留夷，夏锄玉竹，秋攀桔梗，冬掘茯苓"。一过山门，就可登临阁皂山了。

鸣水桥，这是一座宋代的石拱桥，道士们募化所建，至今保存完

「阁皂山山门」

好。桥长7.3米，宽7.7米，由17道拱圈并列组成。泉水穿过桥孔，直泻山谷，撞岩击石，声若雷鸣，故名为"鸣水桥"。该桥利用山峡自然岩石，凿石为基，依山筑桥，人工与天工谐和。桥碑上"鸣水桥"三个清逸的大字，乃文天祥游览阁皂山时应道士之邀所书。

大万寿崇真宫，由正殿、厢房和宫院等殿宇组成。正殿坐北朝南，前有凌云峰，后倚东、西两山。歇山顶琉璃瓦覆盖，彩壁飞檐，拼条花窗，修廊环列，四翼起翘。殿内供奉太极仙翁葛玄塑像。殿门有楹联一副："皂岭访灵踪，宝相庄严丹灶冷；清江流惠泽，渊源久远药都扬。"大万寿崇真宫历史悠久，名噪江南。其前身为葛玄所建的卧云庵，葛玄得道飞升后改名灵仙馆，后经

「大万寿崇真宫」

唐、南唐、两宋皇帝先后敕封，分别赐名阁皂观、玄都观、景德观、崇真宫、万寿崇真宫。到南宋理宗淳祐五年（公元1246年），被敕封为"大万寿崇真宫"，沿用至今。朱熹曾题一首《崇真宫》诗云："紫气风去天关远，丹井龙归地轴深。野老寻真浑有意，道人好客亦何心。"

紫阳书院，又名道德宫，坐落于骆驼峰南麓。道德宫原本是灵宝道士们供奉儒、释、道三教鼻祖孔丘、释迦牟尼、李老君神像的观宇，名流贤达论学畅玄的场所，整个殿堂形象地体现了儒、佛、道三教合一的思想。南宋时朱熹两次在道德宫讲学，因朱熹别号紫阳，因此后来道德宫又被称为紫阳书院。庭院中有四株古桂树，史载为元代或更早时所植；有一株古银杏，枝繁叶茂，传为朱熹手植。院中还有一些珍贵的药用或观赏的草木。这里四季阴郁馨香，身临其境，确有飘然欲仙之感。

阁皂山所在的樟树市，受葛玄开创的药业风气之先，享有"药都"美誉，早在东汉时就已扬名。近年来举办的"中国药都樟树国际中药节"，就充分利用了道教医药、养生这一文化优势，融道教文化、名山旅游和经济开发于一体，使阁皂山及其宫观以医、道名扬四海。

三清福地——江西三清山宫观

2008年7月7日,联合国教科文组织世界遗产委员会宣布中国江西三清山通过评审,被列入《世界自然遗产名录》。世界遗产委员会认为,其"在一个相对较小的区域内展示了独特的花岗岩石柱与山峰,丰富的花岗岩造型石与多种植被、远近变化的景观及震撼人心的气候奇观相结合,创造了世界上独一无二的景观美学效果,呈现了引人入胜的自然美"。然而,三清山的美不仅在自然,更在于它的得"道"弥彰、它的道教宫观文化蕴含。

三清山,又名少华山,位于江西省上饶市玉山县与德兴市交界处,自古享有"高凌云汉江南第一仙峰,清绝尘嚣天下无双福地"之殊誉。山顶因有玉京、玉虚、玉华三峰峻拔,宛如道教尊神玉清、上清、太清三清列坐其巅,而得其名,三峰中以玉京峰为最高,海拔1816.9米,是江西第五高峰。

> 三清山经历了14亿年的地质变化运动,风雨沧桑,形成了举世无双的花岗岩峰林地貌,"奇峰怪石、古树名花、流泉飞瀑、云海雾涛"并称自然四绝。三清山以自然山岳风光称绝,以道教人文景观为特色。

三清山的道教历史悠久。东晋时葛洪率弟子"结庐炼丹"于山,建道观碧莲宫,并在此著书立说,宣扬道教教义,至今山上还留有葛洪所掘丹井以及炼丹遗迹,葛洪是三清山道教始祖。唐时道教受尊宠,三清山的道教也开始兴旺起来。唐代的信州太守王鉴致仕后携家归隐三清山下,道士们在葛洪炼丹修道处建起了一处道教建筑老子宫观,此观被称为"三清福地"。到了宋代,三清山建起了多处道教宫观,有王鉴的后裔王霖在天门峰下的"三清福地"捐资创建的三清观,有为纪念葛洪的开山之功建起的葛仙观,另还有福庆观、灵济庙等。尤其值得一提的是,道士们在天门峰的悬崖之上,用天然花岗岩雕砌成一座六层五面的风雷塔,此塔历经千年风雨洗礼,仍自岿然不动,不愧为三清山道教建筑的奇葩。

明代是三清山道教活动的鼎盛时期。王霖后裔王祐，于明代景泰年间（公元1450—1457年）在三清山进行大规模的重建宫观的工程。王祐少好诗书，寄情山水，笃信道教。他延请浙江常山全真道士詹碧云，协助其事。

从山下的汾水青龙桥、迎瑞亭起，沿途经登山入口处步

「三清山宫观」

云桥、扬清桥、西华台、碧玉岩、风门玄关、乘鸾涧、蹑云岭、泸泉井、众妙千步门、冲虚百步门，直到天门三清福地以及玉京峰最高极顶处，共布设了宫观、亭阁、石刻、石雕、山门、桥梁等200多处，使三清山道教建筑物布满山头。全山的建筑群主次分明，相互映衬，聚散有序，遥相呼应，形成了一幅完整而统一的三清山道教洞天福地图，其规模和气势，当可与武当、青城等道教名山媲美，三清山也因此有"露天道教博物馆"之称。

三清山的道教建筑本身也极富特色：以山上花岗岩雕凿干砌而成，石梁石柱，四周配以石墙，内供玉清、上清、太清三尊石雕神像，可以说这时的三清山已成为明代道教建筑和石刻艺术的一座宝库。这座宝库引来各方道门人士云集其中，更吸引了众多的文人墨客慕名前来，登山揽胜，留下了许多脍炙人口的诗篇。

著名地理学家徐霞客在他的游记《江右游日记》中，对三清山作了明确无误的记载。

在三清山的明代道教建筑群中，尤以三清宫的建筑最具特色。明代王祐所建之三清宫道观，位于海拔1532.8米的三清福地九龙山下，由原三清福地的三清观迁移改建而来。明代三清宫的建置规格一反常态，十分独特，充满玄虚神奇色彩：朝向由原三清观的坐北朝南改为坐南朝北；形制由三清观的单进改为前后两进，前殿后阁；建材为山上的花岗岩雕凿干砌而成，整个殿内梁、柱、墙、池、门均以花岗岩琢磨、铺造，镶嵌得严丝密缝，石雕作品造型古朴，线条简洁。宫内神像道、佛兼容，和谐同居一

堂。前殿为三清殿，供奉道教玉清、上清、太清三位天尊，后阁为观音堂，中间供奉观音塑像，两旁供奉佛教十八罗汉塑像。前殿顶梁石柱石刻楹联："三天无极存道气于玉清上清太清，一统大明祝皇祚于百世千世万世。"相传为明建文帝藏隐于三清山任三清宫住持时亲笔题撰。从联语中可以看出，建文帝虽遁入清静空虚之门，但仍然难以完全断绝红尘世俗之念，寄希望于三清尊神保佑大明皇位传承千秋万世。

三清宫总体建筑按先天八卦图式布局。在三清宫的周围，按八卦方位排列着八大建筑，前后两殿为太极图中心的阴阳二极。北方为坎卦，有天一水池；西南为坤卦，有演教殿；东方为震卦，有龙虎殿；南方为离卦，有雷神庙（九天元应府）；东南为巽卦，有詹碧云墓；东北为艮卦，有王祐墓；西方为兑卦，有涵星池；西北为乾卦，有飞升台。以上八大建筑，围绕着三清宫，如同众星捧月，组成了有机整体，既突出中心建筑物的主导位置和庄严神圣的非凡气概，又显示了周围建筑物的凝聚力、向心力和自身应有的灵动性，充分体现了"道法自然"的哲理，不仅给人以形象上的美感，尤其给人以深层的思考和探索。正如詹石窗所言，"整个建筑虽是按后天八卦方位布局的，但又体现了由后天而返先天的炼丹旨趣"。

> 三清宫的山门设计也表现出道教的崇尚自然的风格和玄密神奇的氛围。正如周维权先生在其所著《中国名山风景区》中所言，它"利用庭院前的两块岩石夹峙的地形加工为蹬道，沿山岩蜿蜒曲折，蹬道内设三级石阶随坡势逐级升起。从香道过来，经第一块岩石而转折进入蹬道。再一次转折，两侧点缀神龛，上架石牌坊。牌坊及其两侧的石龛就相当于山门。穿过石牌坊则为第二块船形的岩石，岩石本身以及其下的水池和其上的焚帛亭构成入门后的对景；再经第二次转折沿岩石两侧石阶升入道观的庭院。三清宫入口处的这种别致的设计既不破坏天然石景之美，又能藉此而渲染进入道观前的神秘气氛，利用这咫尺之地还创造了一个不同寻常的生动的序列景观"。

三清山的宫观建筑与雄险奇秀的自然景观融为一体，异彩纷呈，钟灵毓秀，正如三清宫正殿前华表对联云："江南第一仙峰，天下无双福地"。

长江下游的道教宫观

长江下游的安徽、浙江、江苏、上海等省市,在古代就是人口稠密、经济最为发达的地区。这一地区道教信仰自古浓郁,高道大德迭出,道教名山宫观胜迹星罗棋布。

"神龙所都"——茅山九霄万福宫和元符宫

茅山坐落于江苏省西南部,地跨句容、金坛、溧水、溧阳等县境。原名句曲山、地肺山,因其山形曲折蜿蜒,其山若地中之肺、四周之洞若肺叶、地穴之水为肺管,故名。

相传西汉景帝时(公元前 156—前 141 年),有茅盈、茅固、茅衷三兄弟自咸阳来此修道,分居于句曲山的三座主要山峰。他们不辞劳苦,悬壶施济,深受当地百姓爱戴。后来修道成仙,各乘一白鹤白日升天。太上老君分别封他们为太元帝君、定禄君、保命君,俗称大茅君、二茅君、三茅君。当地百姓感其生前恩泽,改山名为三茅山,简称茅山。

> 茅山林木苍翠,洞墟天成,山形曲折,气候宜人,是许多高道仙真修炼之地,道教称之为第一福地,第八洞天、第三十二小洞天。在道教所列 100 多个"洞天福地"中,三样俱全者仅茅山而已,足见茅山在道教中的地位。

从西晋时期开始,茅山逐渐成为江东道教圣地。茅山高道辈出,香火隆盛,享有"秦汉神仙府,梁唐宰相家"的美誉。著名道士、道教学者陶弘景于南齐永明十年(公元 492 年)辞官归隐茅山,栖居 40 余年,修身养性,著述炼丹,他撰写了大量道教著作,至今尚存且影响深远者有《真诰》、《真灵位业图》等。陶弘景有弟子 3000 余人,在茅山建起了 60 余所道观,为茅山的宫观建筑奠定了基础。当时的茅山实际上已成为道教上清派的中心,世人也不再以上清派称呼他们,而直接称他们为茅山宗了。

隋唐五代,是茅山道教的兴盛时期。尤其唐代,茅山道最得势,为道教第一大宗。有大批道士居此山修道,数量常达几千人之多。当时许多有学问、有名望的道教学者和道门领袖出自茅山,如居嵩山的潘师正,居衡山、王屋山的司马承祯,居青城山的杜光庭等,都曾是在茅山受皇帝礼遇的名道。

宋元时期,特别在宋代,是茅山道教的鼎盛时期。当时,以第二十五代宗师刘混康、第二十七代宗师徐希和、第三十八代宗师蒋宗瑛最为知名。这一时期茅山有宫、观、庵院257处,殿宇房屋多达5000余间,其宫观庵院有"甲天下"的美誉。后世所称的茅山"三宫五观",即九霄万福宫、元符万宁宫、崇禧万寿宫、德佑观、仁佑观、玉晨观、白云观、乾元观,都肇于唐而成于宋、元。元代,茅山的"三宫五观"之"五观",受北方全真道影响,在祀奉上清派列祖列宗的前提下,也传习全真道,而"三宫"仍沿袭正一道统。

明代茅山仍是江东道教圣地,终日香烟缭绕,钟磬之声不绝于耳,朝山进香的信徒络绎于道。

清代茅山道教渐衰。虽有许多茅山道士致力于宫观修复工作,但屡有天灾人祸,很难保持昔日规模。至清末,仅存前述的"三宫五观"。

如今,随着宗教政策的贯彻落实,茅山道院得以修复。1982年,国家拨专款修复了九霄宫和元符宫,还修起一条直达山巅的盘山公路。1985年3月,茅山成立了茅山道教协会。如今每逢茅山的香期庙会(农历腊月24日至来春3月18日)和道教祀神日,信众云集,香烟弥空,其持续时间之长久、规模之宏大、场面之壮观,在众多道教名山中堪居榜首。

现在茅山对外开放的宫观主要有九霄万福宫和元符宫。

茅山九霄万福宫,简称九霄宫。矗立于大茅峰顶,是茅山现存最大的道观,也是茅山道教协会所在地。因其立于茅山最高处,又称顶宫。原名"圣佑观",明万历年间改为今名。因宫中有一清水池名"豢龙池",大旱不涸,大雨不溢,池中似有小黑龙游动,因此该宫所在地传为"神龙所都"。

九霄万福宫坐北朝南,依山借势,分四重院落,层层而上。第一重是灵官殿,殿门上方镶嵌有"敕赐九霄万福宫"石刻字样,殿门左右墙壁上分别书有"道炁长存"和"万寿无疆"。殿内供奉道教护法神王灵官,高4米多,分别左

「茅山九霄万福宫」

右的四方之神青龙、白虎、朱雀、玄武手持刀戟，气势逼人。

　　出灵官殿后门，拾级而上为第二重道院——藏经楼，东为宝藏库，西为坎离宫，那大旱不涸的豢龙池就位于坎离宫的西侧。藏经楼北有一小片广场，东侧建有迎旭道院、白云道院、养真仙馆，西侧是仪鹄道院、道士灶房和斋堂。

　　穿过广场，北越14级石阶，进入第三重太元宝殿，这是九霄宫的主体建筑，为该宫道士早晚诵经和日常举行各种道教活动之所，殿内宽敞开阔，宫灯高悬。殿中神案上供有三茅真君端坐的神像，大哥茅盈居中，怀抱如意，兄弟茅固、茅衷手持玉圭，拱坐两侧。殿内四周还有马善、温良、赵公明、岳飞四大元帅和四值功曹等神像陪奉。三茅真君神像供案的背面雕刻有一幅反映道教理想境界的图画，仙岛琼阁、32尊天神地祇飘浮于白云之上，虾兵蟹将遨游在碧波之中，瑞气耀人。左右两侧殿壁之间分别镶嵌着45个石刻茅山各神仙与历代仙真的牌位，是研究茅山道教历史的珍贵资料。

　　第四重主要建筑为飞升台和二圣殿。出太元宝殿后门，即见平地之上筑一高约2米的石台，此乃飞升台，传为大茅君骑鹤飞升之处。台以青石砌成，四周以雕刻精美的汉白玉石栏围护，台上立有"三天门"石坊一座，意为此处是茅山极顶，高入玄天。现九霄宫道士在此拜符升表，因此又名升表台。飞升台之后是二圣殿，内中供奉着三茅君的父母双亲贴金塑像。两扇殿门上合绘一幅巨型黑白太极图，门合则阴阳相抱成太极图，门开则阴阳分离。二圣殿的东侧建有道舍和客厅，西侧有怡云楼，楼内陈列室中珍藏着著名的"茅山四宝"。

　　过去曾有"顶宫一炉香，印宫一颗印"之说。凡到茅山敬香者，都得上顶宫烧香，也许是因为顶宫最高，香烟能上腾九霄吧。如今随着茅山宫观的修复和道教活动的开展，停止了多年的茅山香期庙会又重新活跃起来。九霄宫作为香会的中心，更是香客、游人云集，香烟袅袅，烛火煌煌，幢幡帷幕掩映，热闹非凡。香客到顶宫烧香以表自己的虔诚，寻幽访胜的游人也因见如此壮观肃穆的场面而引以为快。

「茅山元符宫」

元符宫全称"元符万宁宫",又称"印宫",位于积金峰南腰的绿林翠浪之中,始建于唐,兴盛于宋。北宋仁宗(公元1023—1063年)时,茅山第二十五代宗师刘混康在此修习上清经法。据传宋哲宗在位时,其母孟氏误吞银针,御医束手无策,眼看危在旦夕,刘混康闻诏进京,画符让太后吞服,针随符出。哲宗龙颜大悦,赐号"洞元通妙法师",敕重修刘混康在茅山居住的道院,赐名"元符观",历时九载,于徽宗崇宁五年(公元1106年)建成。建成之际,徽宗又赐额"元符万宁宫"。建筑壮观,房舍院落相连,金碧辉煌,成为茅山最宏伟的建筑。宋徽宗还曾召刘进京,先后赐元符宫八件宝物,作为茅山的"镇山之宝"。一是玉印,上刻"九老仙都君印"篆体阳文。朝山的香客都要在香袋或腰带上盖上一方玉印,说能消灾延年,遇难呈祥。二是玉圭,其玉质莹润,顶部花纹如翩翩欲飞的蝙蝠,下部花纹则如叠嶂烟岚,又如层波涌浪,此圭奇特之处在于能随季节的交替变化出不同的颜色。三是玉符,又称"镇心符",玉质润白,上刻"合明天帝日敕"篆体阴文,据说佩带此符就有神灵护佑。四是呵砚,又称哈砚,也是玉质,只要对它轻轻呵气,砚内顿时出现大颗水珠,笔蘸上去,自出丹朱色。而且呵砚左上角雕有两条小鱼,据说每当子午之时,双鱼就会合于中间池内,称为子午归槽。可惜的是,曾国藩之子来茅山鉴赏四宝时,不慎将此砚掉在地上,破一角,从此小鱼就无法归槽了。五是《辽玉符简》一卷,六是玉剑一把,七是《上清大洞秘篆》十二轴,八是《上清大洞卷简词》十三卷轴,后四件珍宝早已失传。

前四件珍宝保存至今,现藏于九霄方福宫中对外展出。

> 元符宫的主要建筑有:睹星门、灵官殿、碑亭、万寿台、三天门、太元宝殿、勉斋道院、黄鹤楼、东岳楼和道舍、斋堂等,其中睹星门和勉斋道院最为神奇。

睹星门为山门，是道士观察星象之所，两边石壁刻有"第一福地"、"第八洞天"字样。元符宫原有13房道院，后经天灾人祸，12房道院和宫内殿堂先后被毁，惟勉斋道院历经数百年沧桑，至今仍基本保持原有的建筑和规模，其中的奥秘据说是与勉斋道院门楼的建筑奇特和门前地面上用青砖和小瓦构筑的图案有关。按常规，道院门楼应朝西方，而该门楼却向西南偏斜，且门额上嵌有砖刻坎卦符号。道院门前用青砖和小瓦构筑而成的图案更为奇异。有人说是一幅道教符图，有人说是一个篆体的"福"字，有人说是一幅道教"炼丹图"，有人说是一只古花瓶，瓶口长的是万年青，用门额上坎卦中的水经常浇灌滋润瓶中之草，意使道院兵火不入，犹如万年青一样生机勃勃。该道院奇特的建筑和图案究竟始于何时，已不可确知了。

千年道教圣地——铅山葛仙祠

前文已说过，江西樟树市的阁皂山是道教灵宝派的祖山，灵宝派祖师葛玄在此山道成飞升。而同在江西省的铅山县有一座葛仙山，原名云岗山，只因葛玄在此道成升天而改名。孰真孰假已不重要，重要的是当地的道教文化遗产。雄踞葛仙山山顶上的葛仙祠充满了种种有关葛玄的神异传说，是肃穆庄严的宗教活动基地。

葛仙祠始建于北宋元祐七年（公元1092年），距今已近千年。南宋绍兴淳熙年间（公元1131—1189年）扩建，元至正（公元1341—1368年）中期又重构更新。清嘉庆二年（1797年）、民国二十年（1931年）、民国二十八年（1939年）三次毁于火，三次再度重修。"文革"期间，葛仙祠也没能逃脱劫难，被毁严重。中共十一届三中全会后，殿宇得以修复。

「铅山葛仙祠」

长江下游的道教宫观

> 葛仙山主峰突兀,有云岗山、香炉山等环峙。传说葛玄得道后择环境幽雅的香炉山,炼九转金丹。见香炉山对面的云岗山上盘踞的九条孽龙残害生灵,便立志舍弃自身修炼,除掉恶龙,他从香炉山一脚跨到云岗山上,集天地百石,汲日月精华,经七七四十九天铸成一柄闪烁七色的"七星宝剑"。为试剑锋,挥剑劈石,石分两半,九龙见状俯首乞饶,自卧山中。葛玄遂于云岗山顶隐居修道,采药治病,济世救人。一猎人千里迢迢来到云岗山拜访葛玄,见葛玄衣破雨淋,心生怜惜,卖了猎物为葛玄建了一间屋。后乡人感其恩德,将屋改造成祠庙,并将葛玄肉身,装金供奉祠内,尊为"葛仙翁"。这就是有关葛仙祠来历的神异传说。

现在的葛仙祠依山而建,层层递进,颇具规模,主要由葛仙殿、老君殿、送子观音殿、三官殿、灵官殿、地母殿、玉皇楼等殿宇组成,属全真派道观。一些著名的全真道士,如王重阳、邱长春、张三丰等,都曾来此访道参玄。

葛仙祠的主殿是葛仙殿,前后三进,宏制巧构,朱漆描金,琉璃瓦上卧有九条蛟龙,殿梁上雕有九龙仰香炉图案。殿正中神龛上供奉着葛仙翁坐、行神像各一尊。神像身着金丝蟒袍,头戴翅搭肩宰相帽。葛仙翁神像身着宰相衣冠,世间道观少见,这是葛仙殿的独特之处。相传明代宰相夏言年轻时慕名上山朝拜,抽得一签:"巍巍独步向云间,玉殿千官第一班。"解曰:"人间独步,名登甲第。"嘉靖十五年(公元1536年),夏言果然位至宰相。同年即上山还愿,晚宿庙间,梦与葛玄谈玄论道,不敌葛玄。葛玄曰:"汝之宰相应让与吾。"夏言羞惭,"竟许相位"。次日晨,夏言醒后,梦中之事历历在目。为不失信,当即脱下宰相冠服献于葛玄穿上,葛仙翁从此就身着宰相衣冠了。

葛仙祠蜚声皖、浙、闽、赣等30余县市,还有远自上海、福州、台湾、香港等地的香客慕名而至。尤其在每年农历六月初一"开山门"后的四个月庙会期间,游人香客更是川流不息,有的甚至是倾村结队,串街联户"出会",他们手执会旗、鸾驾,伴以乐队,锣鼓、鞭炮、神铳震天,浩浩荡荡奔赴葛仙山。每年农历八月二十是葛仙祠香火鼎盛时期,相传这天是葛仙翁诞辰,朝山的人可达上万人次。其时日夜人流塞道,鞭炮通宵不息,善男信女进殿焚香点烛,长跪于葛仙翁神像下。有的甚至通夜不眠,在殿内候至天明。

名山焕彩,胜迹重光。千年道教圣地——葛仙祠,正以其神异的传说、古老的殿宇、旖旎的风光、宜人的气候,吸引着越来越多的朝拜者和观光客。

地上天堂——苏州玄妙观

人们常说:"上有天堂,下有苏杭。"位于苏州市中心观前街的玄妙观以其历史悠久、规模宏伟的殿宇建筑,玄妙神秘、精美生动的雕绘艺术,别具特色、久负盛名的斋醮音乐,桃红柳绿、清新雅致的宫观环境,享有"地上天堂"的美誉。

苏州玄妙观始建于西晋咸宁二年(公元276年),名"真庆道院",距今已1700余年。东晋太宁二年(公元324年),明帝敕令重修道院,改名为"上真道院"。唐开元二年(公元714年),玄宗赐内帑扩建道院,改名为"开元宫"。这时开元宫的规模虽不算很大,但香火很盛。然而,唐末藩镇割据,孙儒攻陷苏州,开元宫建筑大多毁于兵火。北宋初期,得以重建和扩建,改称"太乙宫"。宋真宗大中祥符年间,改名为"天庆观",并增建了许多殿宇,招天下画师,绘成《三天天宫胜景》巨幅壁画,颁敕"金字牌"永镇观内。至宋徽宗时,天庆观已成为江南道观之冠。元成宗元贞元年(公元1295年),诏改"天庆观"为"玄妙观"。明洪武年间玄妙观被辟为道教正一派的丛林,更名为"正一丛林"。玄妙观道士均为出家道士,这与其他正一

「苏州玄妙观」

道宫观既有出家道士、又有在家道士有所不同。明嘉靖十六年（公元1537年），复修玄妙观。清康熙年间，再次大扩建，耗银4万两，历时3年乃成，为避康熙皇帝玄烨之讳，改名为"圆妙观"。太平天国时期，圆妙观再次毁于兵燹，但不少建筑得以保存下来，仍不失为我国江南的著名道观。辛亥革命以后，复称"玄妙观"。

康熙年间，圆妙观盛极一时，有殿宇30余座，为当时全国宫观之最。其布局分中、东、西、北四路：中路建筑有正山门、三清殿、弥罗宝阁，东路由元坛（玄坛）、神州殿、阳宫、天医殿、真官殿、天后殿、文昌殿、神师殿、斗姆阁、火神殿、三茅殿、机房殿、关帝殿、东岳殿、痘司殿等14座配殿组成，西路由雷祖殿、寿星殿（长生殿）、观音殿、三官殿、灶君殿、八仙殿、水府殿等组成，北路由蓑衣真人殿、肝胃殿、刘公祠及方丈殿等组成。另外，观内还有四角亭、二角亭、水火亭、六角亭、行宫等建筑。在正山门南，跨过观前街还有一座玄妙观的附属殿宇——传奏司。解放后，经维修、复建，现存的主要建筑有10多座，其中较完整的殿宇有正山门、三清殿、雷尊殿、斗姆殿等。

> 正山门为歇山重檐式，门内匾额上题有"玄妙观"三个端庄雄劲的大字。正山门东西两旁是八字形黄照墙，分别开有"吉祥"、"如意"二门。山门后壁镶嵌有一块石碑，上刻元代牟𪩘撰文、赵孟頫书写的《玄妙观重修三门记》，不过此碑是近年根据拓本重刻上去的。

三清殿是玄妙观主殿，正面9开间，进深6间，是目前苏南一带留存的最宏伟、最古老的木结构宫殿式建筑，重檐歇山顶，翘角脊瓦，屋面盖黑色筒瓦。殿下筑有高而宽的月台，台上有浮雕人物、飞禽走兽的石刻栏板，其中还有宋代遗作。殿内屋顶有雄健别致的柱斗拱，这种由斗形木块和方形肘木纵横交错层叠构成的斗拱建筑形式，在国内罕见。殿内高峻宽敞，在30根八角形石柱上凿有天尊圣号180个。加上弥罗宝阁中的30根八角形石柱凿180个天尊圣号，两处合计共360个天尊圣号，象征一年360天。

三清殿内正中是个制作精致的万年台。台上供奉着宋代雕塑的元始天尊、灵宝天尊、道德天尊三清神像，各高2丈左右，神态庄重和蔼，垂眸微笑，形貌典雅，衣褶自然。三清神像周围，还供有玉皇大帝、十二天将、六十花甲星宿塑像，造型、神态各异。三清殿中济济一堂的神像，堪称宋代塑像中的精品。

「玄妙观三清殿」

> 三清殿中还保存有许多文物。大殿檐前高悬的"妙一统元"四字横匾，乃清初太傅金之俊所书。大殿内高悬的"太初阐教"四字横匾，是乾隆皇帝御赐。而那块镶在西墙上的老子画像石碑，更是传世一千数百年的稀有文物。碑上有唐画圣吴道子所绘的老子像，貌极苍古；有唐玄宗为此像作的御赞，由颜真卿手书，宋代张允迪摹刻复制。此碑是我国绘画、书法和雕刻艺术的精品，是重要文物，被誉为"奇踪异状"。

三清殿外东旁还立有一无字碑，碑上原有明初方孝孺所撰的碑文，记洪武四年（公元1371年）玄妙观被辟为正一丛林，所属香火田等资产悉充为军饷一事。后来方孝孺因忠于建文帝，被明成祖诛杀十族，碑文亦被铲除，后人遂称无字碑。

另外，玄妙观的道教音乐也值得欣赏。其清纯、低沉、缓慢、刚柔适度的道乐风格，名闻遐迩。一方面，它内涵宫廷音乐成分，这是由于南唐、南宋时期，大量的宫廷音乐流散于民间，被苏州道乐吸收融合；另一方面，它又吸收了昆曲、江南丝竹、吴腔、小调等民间音乐素材；此外，它还受江西龙虎山天师道音乐影响。

清代玄妙观著名道士曹希圣集苏州道乐而成的《钧天妙乐》、《古韵成规》、《霓裳雅韵》专辑，已成为研究中国古典乐曲的重要资料。因此苏州玄妙观道乐不仅仅是宗教仪典性质的音乐，而且是宝贵的民族遗产。

"玛瑙山居"——葛岭抱朴道院

抱朴道院位于秀丽的浙江西湖北岸、宝石山以西、海拔166米的葛岭上。相传东晋葛洪不惑之年，辞了官职，别了家小，南游至临安（今杭州）时，但见宝石山西部的山岭，林木葱郁，满山都是闪闪发光的碧石，西湖全景犹如天开图画，尽收眼底，就此看中了这岭的灵异和幽静，认为是修身养性、炼丹采药的理想之地。于是结庵隐居。葛洪在此山隐居期间，除修行、炼丹之外，平时不是行医，就是开山通路，以利行人往来，为当地百姓做了许多的好事。人们感激他，把他住过的山岭称为葛岭，在他结庐炼丹处建观奉祀，因葛洪自号"抱朴子"，后人就以他的道号称建于葛岭上的道观为"抱朴道院"。

根据《重修葛仙庵碑记》，抱朴道院在唐初就建有葛仙祠、初阳台石亭等楼阁，祠的匾额题为"初阳山房"，惜元代毁于兵燹。明代再次修建，改名为"玛瑙山居"。

「葛岭抱朴道院」

抱朴道院现存主要建筑，都是明清时所建的。

从西湖北面上岸入抱朴道院，须经一"灵官亭"。此亭独特之处在于王灵官高踞亭梁之上，大概西湖的千顷碧波、白堤的桃红柳绿也感动了这位神仙，使他也想站得高、看得远吧！过灵官亭，拾级而上，不远便到了抱朴道院，但见山门上写有"葛岭"两个大字，门旁一座随山势跌宕起伏的粉墙，宛如一条恣意遨游的黄龙，又称"龙墙"，为院中一大胜景。

抱朴道院由葛仙殿、红梅阁、抱朴庐、半闲堂等主要殿宇组成。其中葛仙殿是道院的正殿，为重檐歇山式木结构的楼阁，内供奉有葛洪、吕洞宾、慈航真人等神像。葛仙殿东侧的半闲堂、红梅阁、抱朴庐，也为重檐歇山式，是典型的江南庭院式建筑。

另外，抱朴道院内还有几处与葛洪生平有关的胜迹，它们是《葛仙庵碑》、炼丹井、炼丹台、初阳台等。《葛仙庵碑》立于明万历四十年（公元1612年），碑文由刑部尚书姚沈应所撰，凤阳府知府王国桢篆书。碑文记述了葛洪一生的经历及历代修建这座道院的经过和有关的祀典情况，是研究这座道院的重要资料，被列为道院中的珍贵文物。

> 初阳台地处葛岭山顶部，为一石砌台阁。旭日初升，登台远眺，霞光万道，此景被列为钱塘十景之一，其名曰"葛岭朝暾"。在每年农历十月初一，在此台上还有可能看到太阳、月亮同时高挂天际，即"日月合璧"的奇观。相传葛洪就在初阳台下安炉炼丹，因此炼丹台遗迹就在初阳台之下。炼丹台旁有一口久旱不涸的水井，这就是炼丹井，又名龙井、葛井。据说此井的水流于石上，其色如丹。

如今抱朴道院作为全国道教的重点宫观、杭州市道教协会所在地，文物古迹得到了不同程度的维修和保护，传统的道教活动也逐渐得以恢复。

闹市中的琼楼玉宇——上海白云观

上海，是中国最大的综合性现代化工商业城市。闹市中，有一处远离尘世的琼楼玉宇，它就是立于老西门西林后路的全真道丛林——上海白云观。

清同治十三年（公元1874年），杭州显真观的全真派道士王明真来到上海，在北门外新桥朝阳楼（今浙江路北海路一带）创建了近代上海的第一座全真道观"雷祖殿"。到光绪八年（公元1882年），由于马路扩修，令雷祖殿拆迁，这时的雷祖殿由全真道士徐至成主持。徐是一位很有作为的道长，四处活动，募资买下了白云观现址，重建雷祖殿。此后，又相继增建了斗姆殿、客堂、斋堂等殿宇，宫观规模大为改观。光绪十四年（公元1888年），徐至成进京，得到清廷和北京白云观的大力支持。北京白云观将明版《正统道藏》8000余卷赠予上海雷祖殿，作为"留镇山门"的宝物。从此，雷祖殿改名为"海上白云观"，简称白云观（习惯上称"上海白云观"）。

海上白云观袭用北京白云观的规诫，徐至成是第一任监院。当时，增建了玉皇阁、藏经阁和东西两厅。经过徐至成多年苦心经营，海上白云观终于发展成为我国东南地区很有影响的全真派十方丛林之一。光绪十六年（公元1890年），徐至成"羽化"。此后，由于道众的努力、上海绅商的资助，海上白云观的规模得以继续扩大。光绪十九年（公元1893年），上海商会会长陈润夫等人发起捐资，又扩建了三清殿、吕祖殿、丘祖殿，使海上白云观发展成为占地14亩以上、上海规模最大的道观。此后，渐趋衰落。近年来，经过修缮，已基本恢复了原貌，观内道教活动也恢复正常。

> 上海白云观由前殿和后殿组成。前殿又分东、西、中三路，东路为客堂、丘祖殿，西路有斋堂、斗姆殿等，中路有雷祖殿和藏经阁。后殿分南、中、北前后三进殿，南殿为甲子殿，中殿为三清大殿，北殿为四御殿。观内还有救苦殿、玉皇阁、钟鼓亭、吕祖殿等。因此，复修后的上海白云观仍是一座气势宏伟的道教宫观。

上海白云观的建筑样式和供奉神像，与其他道教宫观基本相同。三清大殿是主殿，其独特之处在于：内中供奉有明代铸造的7尊镏金铜像，高1.7米左右，工艺高超。其中，5尊是天将站像，另2尊是张天师站像和许天师站像。

光绪二十年（公元1894年），上海海关查获了一批海上走私之物，其中就有这7尊镏金铜像。当时上海的商会会长兼任海上白云观护法的陈润夫认为，这7尊铜像理应由道观保管，应无条件地交给海上白云观供奉。

海上白云观把这些幸免于沦落异国他乡的神像供奉在正殿——三清大殿内，享受人间烟火。有了这番传奇，自然得对这7尊镏金铜像另眼相看了。

「白云观」

此外，上海白云观道乐也令人驻足，曲调优美舒缓丰满优雅，与苏州玄妙观道乐、江西龙虎山天师道乐、江苏茅山道乐一样，是我国主要的道观音乐之一。它汲取了江南，特别是上海一带的民间音乐素材，同时受龙虎山道乐和茅山道乐的影响，形成了容易被当地百姓接受的颇具地方特色的江南道乐。

名园胜境——上海城隍庙

上海城隍庙位于上海市区南面旧校场路一带，由城隍庙殿宇、商场庙市和园林等几个部分组成，迄今是上海惟一集宗教、园林、商场为一体的文化景观。

早在宋代，上海就有城隍庙，名为华亭城隍行殿。现在的城隍庙是明永乐年间（公元1403—1424年）建立的，不过当时规模较小。后来屡经扩建和修复，至明末已具相当规模。清康熙四十九年（公元1710年），当地乡绅醵资构建，凿池造亭，堆叠山石，修成东园（又称内园），归入城隍庙，使城隍庙庙基扩大到12亩有余。乾隆中叶，明尚书潘恩之子潘允端所建的豫园，因潘家衰落而荒芜，急于求售，一些豪绅富商以廉价购得，整修成一座有典型江南风格的园林，归入城隍庙作为西园，使城隍庙面积达到36亩之多。

> 据资料记载，在乾隆至同治时，上海城隍庙殿宇规模极盛，包括大殿、中殿、寝宫、星宿殿、阎王殿、财神殿、文昌殿、许真君殿、玉清宫、弥罗阁、鄂王庙、刘猛将庙、群忠祠、李公祠、仁孝祠、罗神殿、花神祠、鲁班阁和四司(新江司、长人司、高昌司和财帛司)。

在中殿石门内，供奉着上海城隍神秦裕伯，据说秦裕伯拒奉明太祖朱元璋召请，秦死后，明太祖说："生不为我臣，死当卫吾土。"敕封他为守护上海城池的上海城隍神。城隍秦裕伯在上海市民生活中有相当的影响，在广大道教徒心目中有崇高的地位。几百年来，每逢年节，前来焚香祭祀的善男信女有普通的百姓，也有地方官吏。清代，每年的清明节、中元节、十月朝（农历十月初一）这三个日期，上海城隍庙都要举行出巡，称为"三巡会"，恭请城隍神出巡赈济厉鬼，以使厉鬼不作祟于人间。清末，"三巡会"终止，但城隍庙香火仍旺。

「上海城隍庙」

　　鸦片战争时，侵略军攻陷上海，将城隍庙内部设施抢劫破坏一空。第二次鸦片战争时，英法军队占驻城隍庙，大肆破坏。由于城隍神在民众中的崇高地位，毁坏后不久就得到修复，而且将余地出租，造屋设铺，使游人日多，商贸日盛，为今日城隍庙集商业、游览、园林和宗教为一体的文化景观奠定了基础。1924年，因管理不善，城隍庙遭火灾，大殿等建筑受到很大损失。1926年，邑庙董事会协同上海滩的黄金荣、杜月笙、张啸林等头面人物捐资重建，建成全部是钢骨水泥的仿古大殿。现在的城隍庙大殿，就是那时的仿古建筑。

　　特别值得一提的是上海城隍庙的庙市，它是上海的一大特色。上海城隍庙的庙市是随着近代上海经济的繁荣而逐步形成的，这里鳞次栉比的店铺，五光十色、无所不有的商品，顾客人群终日摩肩接踵。虽然如今人们对城隍的迷信已大半破灭，城隍庙的神像和殿宇只能作为历史遗迹保存，以供人们游览，但是，城隍庙的庙市所起的历史作用是显而易见的。现在，经过整顿后的庙市，既保留了传统的道教特色，又展现了时代新貌，盛况不减当年。

主要参考文献

[1] 詹石窗.易学与道教符号揭秘.北京,中国书店,2001.

[2] 刘锡汉,李宗琦,等主编.长江流域的佛教——禅林梵音.北京:言实出版社;武汉:武汉出版社,2006.

[3] 任继愈主编.中国佛教史(1-3卷).北京:中国社会科学院,1981.

[4] 蒋维乔.中国佛教史.上海:上海古籍出版社,2011.

[5] [宋]普济著.苏渊雷点校.五灯会元.北京:中华书局,1984.

[6] 汤用彤.汉魏两晋南北朝佛教史(上、下册).北京:中华书局,1993.

[7] 汤用彤.隋唐佛教史稿.北京:中华书局,1982.

[8] [释]印顺.太虚大师年谱.北京:中华书局,2011.

[9] 徐孙铭,王传宗主编.湖南佛教史.长沙:湖南出版社,2002.

[10] 张步天.中国历史文化地理.长沙:湖南教育出版社,1993.

[11] 吴必虎,等.中国景观史.上海:上海人民出版社,2004.

[12] 藏外道书(第20册).成都:巴蜀书社,1992.

[13] 太岳武当山.武汉:湖北人民出版社,1991.

[14] 周维权.中国名山风景区.北京:清华大学出版社,1996.

[15] 道藏(第6册、第22册).北京:文物出版社;上海:上海书店;天津:天津古籍出版社,1988.

[16] 卿希泰.中国道教(第四卷).上海:东方出版中心,1994.

[17] 杨立志,等.道教与长江文化.武汉:湖北教育出版社,2005.

[18] 卢世菊.长江流域道教文化遗产与旅游开发——基于文化线路视角.北京:中国社会科学出版社,2012.

图书在版编目（CIP）数据

佛寺道观 / 卢世菊，宋相阳著 . —武汉：长江出版社，
2019.6（2023.1 重印）
（长江文明之旅丛书 . 建筑神韵篇）
ISBN 978-7-5492-6545-9

Ⅰ . ①佛… Ⅱ . ①卢…②宋… Ⅲ . ①长江流域—佛教—寺庙—介绍 Ⅳ . ① K928.75

中国版本图书馆 CIP 数据核字（2019）第 112477 号

项目统筹：张　树
责任编辑：朱　舒　王　珺
封面设计：刘斯佳

佛寺道观

刘玉堂　王玉德　总主编　卢世菊　宋相阳　著
出版发行：上海科学技术文献出版社
地　　址：上海市长乐路 746 号　200040
出版发行：长江出版社
地　　址：武汉市解放大道 1863 号　430010
经　　销：各地新华书店
印　　刷：中印南方印刷有限公司
规　　格：710mm×1000mm　1/16
印　　张：10.5
字　　数：143 千字
版　　次：2019 年 6 月第 1 版　2023 年 1 月第 2 次印刷
书　　号：ISBN 978-7-5492-6545-9
定　　价：39.80 元

（版权所有　翻版必究　印装有误　负责调换）